**안 동**
문 화
100선

●❸❶

김
종
민 金鍾珉

대구가톨릭대학교 대학원에서 예술학 및 미술사로 석사와 박사 학위를 받았다. 전문분야는 불교미술사이며 주로 고려시대와 조선시대의 사경寫經을 연구하고 있다. 직지사, 송광사, 표충사 등의 박물관에서 학예업무를 담당했으며, 일본 규슈대학 방문연구원, 일본학술진흥회(JSPS) 외국인특별연구원을 역임하였다. 현재 충청북도와 전라북도 문화유산위원, 국가유산청 문화유산전문위원(불교서지)이며, 국가유산청 문화유산감정위원으로 국외 반출 문화유산의 감정과 밀반출 방지 업무를 수행하고 있다. 주요 논저로는 「일본에 유존하는 한국 불교미술에 관한 고찰」(2010), 『密陽 表忠祠』(공저, 2014), 「감지금자 『百千印陁羅尼經四經合部』 사경을 통해 본 고려시대 왕실발원사경」(2019), 「고려사경의 극치(極致); 클리블랜드미술관 소장 감지금자 『대방광불화엄경』 제78권」(2020), 예일대학교 소장 감지은자 『미륵하생경』과 고려후기 미륵신앙(2021), 「18세기 기쿠야판[菊屋板] 『조선인행렬차제(朝鮮人行列次第)』에 대한 고찰」(2022), 「조선시대 여성의 사경 발원과 제작」(2025) 등이 있다.

# 봉정사

글 · 사진

김종민

민속원

봉정사
鳳停寺

# 차례


01 봉정사鳳停寺, 그리고 안동 .... 7

02 봉황이 머문 자리 .... 13

03 근대기록에서 본 봉정사 .... 17

04 조선시대 인쇄문화의 중심, 봉정사 .... 21

05 봉정사에 전해진 사경寫經 .... 29

06 가장 오래된 극락전과 가람 .... 35

극락전 .... 36

대웅전 .... 41

화엄강당 .... 46

고금당 .... 48

만세루 .... 49

김가진의 편액과 주련 .... 52

봉정사 영산암 .... 55

봉정사 지조암 .... 63

07 봉정사에 나투신 부처님 ···· 65

상처 입은 대웅전의 후불벽화 ···· 66

대웅전의 아미타불 ···· 74

관세음보살좌상과 삼매경 ···· 76

166명의 서원과 영산회괘불도 ···· 81

화주 심보와 대시주 장명철 ···· 84

여사당 묘정의 대시주 ···· 85

08 월암이 세운 영당影堂, 유성이 그린 진영眞影 ···· 91

09 봉정사의 성보聖寶 ···· 99

참고문헌 ···· 109

### 일러두기

1. 이 책은 안동 봉정사의 건축물과 유형유산에 대한 이야기를 하고 있다. 본문 내용 중 (가나다순) 김동현, 김봉렬, 박도화, 신민규, 이용윤, 임남수, 정명희의 저술과 논문을 내용에 따라 참조하거나 인용하였다.
2. 저자가 촬영한 사진 외에 별도의 출처가 있는 도판과 도륜스님의 사진에는 저작권 표시를 하였다.

# 01

# 봉정사鳳停寺, 그리고 안동

봉정사 항공사진 ©도륜

## ‘조용한 산사 봉정사에서 한국의 봄을 맞다.’

세계유산 표지석 ©도륜

1999년 4월의 봄, 영국의 퀸 엘리자베스 2세가 안동의 봉정사鳳停寺를 찾아 남긴 감상이다. 여왕이 봉정사를 가장 한국적인 곳으로 손꼽았듯, 봉정사는 유네스코 세계문화유산으로 선정되는 등 한국을 대표하는 명찰로 인정받고 있다.

봉정사는 경상북도 안동군 서후면 천등산 남쪽에 있는 고찰로 대한불교 조계종 제16교구 고운사孤雲寺의 말사이다. 2018년에 유네스코는 세계유산 대표목록으로 산사山寺, 한국의 산지승원('Sansa, Buddhist Mountain Monasteries in Korea') 일곱 곳을 정했다. 통도사(경남 양산), 부석사(경북 영주), 법주사(충북 보은), 마곡사(충남 공주), 선암사(전남 순천), 대흥산(전남 해남) 그리고 봉정사가 등재되었다. 이 사찰들은 한국의 불교사원 중 대표적인 고건축물이 있으면서 신행활동, 의례, 강학, 수행의 형태를 잘 유지하는 곳이다. 또한 다양한 민속 신앙도 포용하면서 자연과 잘 어울리는 산지에 사찰을 구축한 형태에 모두 부합하는 조건을 충족하였기 때문이다.

이러한 봉정사를 품고 있는 안동은 동쪽으로 영양과 청송, 서쪽으로는 예천, 남쪽에 의성, 북쪽에 영주와 봉화가 인접한 지리적 요충지이며 태백산맥과 소백산맥이 나누어지는 한 가운데 자리하고 있어 비교적 큰 산은 없어도 중소 규모의 산들이 조밀하게 분포하고 있고 평지가 드문 지역이다. 그렇지만, 안동에는 신석기시대의 마애석기 유물이 출토되었고, 신라 혁거세 원년인 기원전 57년에 염상도사念常道士라는 사람이 창녕국昌寧國[1]이라는 부족국가를 세웠다고 한다. 신라시대에는 고타야군古陀耶郡이었고, 고구려에 속하였을 때는 굴화현屈火縣이 되었다가 진흥왕 때부터 신라에 복속되었다.

고려시대에 이르러 안동이라는 지명으로 고쳤는데 태조 왕건과 관련이 깊다. 태조 왕건과 후백제의 견훤이 군내 병산에서 싸울 때 고을의 성주였던 김선평金宣平, 장길張吉, 권행權幸이 주민들을 이끌고 태조를 도와 전투에 승리하게 되었다. 이를 계기로 왕건은 고려 건국에 큰 공을 세운 이들에게 태사太師의 칭호를 내리고, 삼태사로 인해 '동쪽을 편안하게 했다'라는 의미로 '안동安東'이라는 지명을 갖게 되었다. 고려 말인 1383년에는 공민왕이 홍건족을 피해 안동으로 왔을 때 많은 주민이 정성을 다해 협조한 공으로 안동대도호부安東大都護府로 승격되었다. 고려 때의 명명된 지명 중 봉정사가 위치한 태장리는 고려 공민왕 6년에 왕실의 태를 이곳에 묻었다 하여 태무지로 불리다가 1914년 행정구역 개편 때에 태장이라고 개칭하였다. 이렇듯 현재 우리가 알고 있는 상당수의 안동지역의 지명도 고려와 고려 왕실에서 기인한 것들이 많다.

안동은 불교뿐만 아니라 조선시대 유학의 중심지로 현재에도 많은 명문가와 학자 등을 배출하고 있고, 이와 관련된 유수한 역사와 문화유산이 남아있는 곳이다. 봉정사의 주변을 살펴보더라도 다양한 사찰건축물과 재실 및 정자 등이 많고, 앞서 언급한 고려 건국에 큰 공을 세운 3인의 묘와 재실도 있다.

봉정사의 창건시기는 기록과 설화를 바탕으로 볼 때 7세기이다. 신라 문무왕 12년(672) 능인能仁이 창건했다는 설과 신문왕 2년(682) 의상대사가 창건하였다는 설이 있다. 의상대사가 영주 부석사에서 날린 종이 봉황이 여기에 머물렀다 하여 봉정사가 되었다는 이야기가 있고, 의상대사의 제자인 능인대사가 도를 닦을 장소로 창건되었다는 이야기도 있다.

창건시기를 추정할 수 있는 기록자료로는 1728년에 작성된 「천등산봉정사기」,

---

1 창녕국은 현재 알 수 있는 안동 지역의 가장 오랜 소국이었다고 할 수 있다. 다만 창녕국의 건국 시기는 『慶尙道地理誌』 「안동조」에 수록된 『踏山記』의 기록대로 기원전 57년이 아니라 대체로 기원 전후 또는 신라 건국보다 조금 늦은 시기로 보는 견해가 있다.

1809년의 「양법당중수기」, 1625년의 대웅전 상량문 등 많은 문헌기록이 있다. 이러한 기록을 토대로 종합적으로 살펴보면 의상의 제자 중 하나인 능인에 의해 7세기 후반에 창건되었다는 견해가 가장 설득력이 있다. 그렇지만 창건 설화와 문헌기록에 대한 연구성과의 의미는 봉정사가 언제, 누구에 의해 창건되었냐는 정답을 요구하는 것이 아니라 봉정사는 명백히 고승대덕이 창건한 정통성을 가진 고찰이며, 봉정사가 근현대에까지 안동의 문화를 이끄는 중심이라는 역사적 배경을 증명해 보여주는 것이라 할 수 있다.

오랜 역사의 시간을 이어온 봉정사에는 극락전, 대웅전, 화엄강당, 고금당 등 우리나라 건축에서 빼놓을 수 없는 중요한 건물이 모여 있으며, 신라시대부터 근현대에 이르기까지 다양한 불교문화유산이 소장되어 있어서 가지는 역사적 중량감이 매우 크다고 할 수 있다. 그래서인지 봉정사에 들어설 때 느껴지는 묵직하고 경건한 느낌은 깊은 신앙을 품어온 부처님의 공간과 오랜 역사의 시간이 함께 더해졌기 때문일 것이다.

# 02

# 봉황이 머문 자리

봉정사는 『안동부읍지安東府邑誌』 와 『신증안동부여지지新增安東府輿地誌』 에 안동부 서쪽 30리에 있는 신라시대의 고찰이라고 기록되어 있다. 안동 출신의 권기權紀가 1608년에 저술한 『영가지永嘉誌』 에는 '부府의 서쪽 30리에 천등산이 있다.'라고 하였다. 1566년(명종 21) 퇴계 이황李滉이 시를 지어 절의 동쪽에 있는 낙수대落水臺에 붙였다는 기록이 있어 조선시대에도 절의 모습은 잘 이어지고 있었던 것으로 생각된다.

672년(문무왕 12) 의상의 제자인 능인이 창건했다고 전해진다. 능인 스님은 도력道力이 있어, 종이로 봉황을 만들어 날렸는데 그 봉황이 앉은 곳에 절을 짓고 '봉황이 머문 자리'라 하여 봉정사라 하였다고 전한다. 「봉정사극락전중수기鳳停寺極樂殿重修記」 에는 신라의 의상대사義湘大師(625~702)가 창건하였다고 전하지만, 의상대사의 창건설에 대해서는 그 과정을 설명해 주는 문헌이나 자료 등이 남아있지 않아 다른 사찰들과 마찬가지로 설화일 뿐이다.

봉정사극락전중수기

……而抑未知創之於何代歟. 惑傳三韓古刹, 而無文焉, 不可考證. 而多有記之者, 必以羅… 時. 則其創之也, 誰歟. 盖惟曰義湘能仁, 而具以道義之大師, 處石窟而藏□, 修道德而潔己, 於是乎. 築土而營之, 鑄佛而成之, …….

봉정사에 관한 문헌기록은 한국전쟁을 겪으면서 많이 소실되어 사적에 대한 자료가 부족한 편이다. 그러나 다행히도 1972년 극락전 해체 수리할 당시에 어간 종도리에서 발견된 「상량문上樑文」이 있다. 이를 통해 사찰 창건에 대한 비교적 구체적인 정보를 추가로 얻을 수 있었다. 「상량문」에는 봉정사의 창건과 극락전에 대하여 다음과 같이 기록하고 있다.

安東府西三十里許天燈山. 山之麓有寺, 曰鳳停寺. 寺則地勢, 有若鳳停, 故曰號此名也. 是寺者, 昔祖師能仁大德, 自新羅…始創建. 于以後蜜巖圓鑑安忠寶照士僧信敬等六大祖師, 繼繼重修, 而後各堂殿舍雖具, 此大殿多經歲月, 風磨雨洗, 上漏下濕, 樑棟柱坼朽毁 見者聞者病焉. 前龍壽寺住持大禪竺曇□然重修之, 至乙丑三月十八日上樑干. 諸會爲仰□重. 天啓五年三月日, 巡察使李敏久…(후략)…

「상량문」에 의하면 봉정사는 능인대덕이 신라시대에 창건하였고 이후 밀암蜜巖과 원감圓鑑, 안충安忠, 보조寶照, 사승士僧, 신경信敬 등 6대조사가 계속하여 중수하였다고 한다. 그러나 대장전大藏殿은 많은 세월을 겪으면서 비가 새고 바닥은 물에 젖어 들보와 기둥이 썩고 훼손되어 보는 이나 듣는 이가 안타깝게 여겼다. 용수사의 주지였던 축담竺曇이 이를 중수하였는데 을축년乙丑年 3월 18일에 이르러 상량하였으며, 모든 이들은 우러러 중히 여기었다고 한다. 이어서 천계天啓 5년(1625)의 날짜와 함께 순찰사 이민구를 비롯한 안동부사 등 13명의 이름과 녹화질緣化秩, 시주질施主秩, 본사질本寺秩을 등이 포함되어 있다.

『삼국유사三國遺事』 권4 의해義解 제5권 의상대사조義湘傳敎條에 의하면 능인은 의상대사의 십대제자 중 하나였으며 전기傳記가 있었다고 한다. 지금은 전기가 전하지 않아 그의 행적을 알 수 없지만 『삼국유사』가 능인을 의상의 제자라고 전하는 만큼 능인의 활동시기는 7세기 후반에서 8세기 전반일 것이며, 봉정사의 창건 시기도, 이 무렵으로 보고 있다. 또 다른 기록으로 2000년에 실시된 봉정사 대웅전의 해체 수리 때 사찰의 창건에 관한 내용을 담은 상량문과 법당의 중창, 그리고 고려 말에 목조 불단을 제작했다는 묵서가 종량의 장혀에서 선덕宣德10년(1435)의 묵서가 발견되었다.

> 宣德十年乙卯八月初一日書
>
> …(중략)…
>
> 茲寺 新羅代五百之餘年至乙卯年分 法堂重倉

짧은 묵서이지만, 봉정사가 신라시대로부터 오백여 년이 지난 을묘년乙卯年인 1435년에 법당, 즉 대웅전을 중창하였다고 전하고 있다. 비록 창건 시기나 대웅전의 초창된 시기는 정확히 알 수 없지만 봉정사는 신라시대에 창건된 사찰임을 알 수 있다.

03

# 근대기록에서 본 봉정사

2025년 3월에 의성, 안동 지역에 큰 산불이 있었다. 안타깝게도 고운사를 비롯한 많은 불교문화유산이 큰 피해를 보았다. 다행히도 봉정사는 큰 피해가 없었지만, 당시 산불이 번져 나갈 때 전각에 옮겨붙는 것을 방지하기 위해 대웅전과 극락전 등 주요 전각으로부터 30m까지 서 있던 나무들을 모두 베어버렸다.

일제강점기 시절에도 봉정사의 훼손과 자연재해, 주변의 나무가 벌채된 일 등이 있었다. 「조선총독부관보」에는 봉정사의 주지직 임명, 각종 인허가에 관련된 기록이 3건 전하는데 관보 제800호에는 1915년 4월 7일 자로 주지에 조영해趙影海를 임기 만료하고 새로운 주지 권영은權影隱에게 취직인가를 내어준다.

1942년 9월 23일자 관보 제4698호에는 봉정사 소유의 논 120평 등 2건, 총 201평을 팔아도 좋다는 토지매각허가를 낸다. 이때 주지는 일본인으로 후지이 나루미藤井成海이다. 1943년 11월 5일 관보 제5028호에는 주지인 후지이가 사찰개발을 위해 수령 25~40년생의 적송赤松 1906그루의 벌채승인을 받아내는 내용이 있다.

「조선총독부박물관문서」 중 1941년에 생산된 4쪽의 보고서는 봉정사 대웅전의 훼손과 관련된 문서로 뇌우로 인한 봉정사 대웅전의 누수상황 처리에 대한 처분과 '보물보전상황보고' 등의 피해 상황 보고서들이다. 특히 주지 후지이가 직접 작성한 것으로 보이는 보고서에는 보물 제74호 대웅전 지붕 끝 2~3개소 등의 누수 피해를 보고하고 있다.

『매일신보』 1934년 9월 20일자에 '鳳停寺寶物硏究'라는 기사에는 '봉정사는 다수의 불상과 보물을 보전하고 있는데 조선고적물보존의 제5위에 해당한다고 소개한다. 또한 동경제국대학의 교수인 공학박사 시마자네 테이지로島實治郎가 봉정사의 사적을 연구하고자 봉정사를 여러 차례 방문한 사실이 있는데 지난 12일에 다시 방문하여 열심히 연구 중'이라는 소식

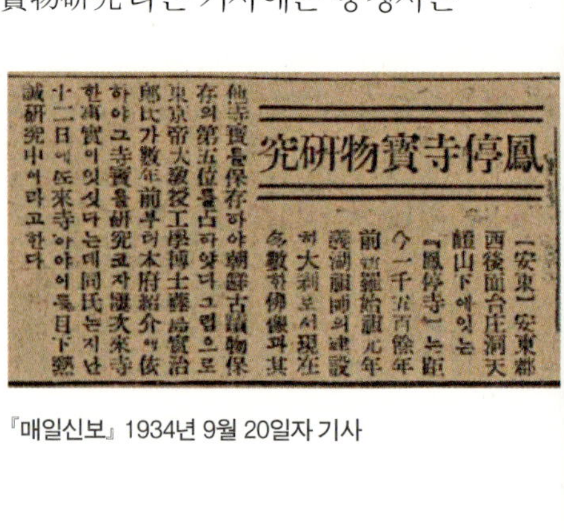
鳳停寺寶物硏究

【安東】安東郡西後面台庄洞天燈山下에잇는『鳳停寺』는距今一千五百餘年前新羅始祖元年義湘祖師의建設한大刹로서現在多數한佛像과其他寺寶를保存하야朝鮮古蹟物保存의第五位를占하얏다그럼으로東京帝大敎授工學博士藤島亥治郞氏가數年前부터本府紹介에依하야그寺寶를硏究코자屢次來寺한事實이잇섯다는데同氏는지난十二日에또來寺하야[illegible]目下熱誠硏究中이라고한다

『매일신보』 1934년 9월 20일자 기사

을 전하는 기사이다. 결국 일제강점기에는 총독부의 마음대로 주지를 바꾸어 이런저런 핑계와 이유로 봉정사의 재산을 매매하거나 수탈하고, 인문학적 연구라는 구실로 열심히 우리의 문화유산을 파악하고자 했던 과정의 일부가 봉정사에서도 자행되고 있었다. 어쩌면 일제강점기의 상황은 산불과 비견될 만큼 지독한 재앙일 수 있었겠다는 생각이 든다.

세계유산
산사, 한국의 산지승원
봉정사

# 04

# 조선시대 인쇄문화의 중심, 봉정사

조선시대는 성리학을 통치 및 사회이념으로 한 숭유억불의 시대였지만 안동에서의 불교는 교세가 잘 유지되고 있었다. 이러한 사실은 바로 봉정사와 광흥사를 중심으로 한 안동의 불교사찰에서 경전을 비롯한 다양한 서적이 제작되고 있었다는 것에 주목할 필요가 있다. 특히 조선시대 왕실의 원당願堂이 있었던 광흥사에서는 어첩御帖과 유물 및 경전 등을 봉안하였다는 기록(『광흥사중건사적廣興寺重建事蹟』, 1828)이 있어 안동의 사찰들은 힘든 노동을 도맡아 하면서 왕실과 반가의 보호를 받아 그 교세가 상당했을 것으로 추측할 수 있다.

광흥사는 세조와의 인연이 깊어 윤사로尹師路 등에게 명하여 『법화경法華經』과 『반야경般若經』 등 여러 경전을 간행해 봉안하였고, 세종이 친히 쓴 『수사금자법화경手寫金子法華經』 1권과, 영조의 친서 병풍 16첩 및 어필족자御筆簇子 1개 등 왕실의 유묵이 봉안되었다고 전한다. 비록 여러 전란과 화재로 현재는 응진전應眞殿(경북유형문화유산)만 남아있지만, 한때는 500채가 넘는 대찰이라고 전해지고 있다. 또한 광흥사가 조선 왕실의 사찰이기 전부터 경전의 주요 제작처였다는 것은 국립경주박물관 소장 감지금자 『묘법연화경紺紙金字泥妙法蓮華經』 권3~4(보물)와 백지묵서 『묘법연화경白紙墨書妙法蓮華經』(보물), 안동 광흥사 소장 『금자사경安東廣興寺所藏金字寫經』 1첩(경북유형문화유산) 등의 다양한 고려시대 사경을 소장하고 있는 점도 주목해야 할 부분이다.

광흥사와 더불어 봉정사는 안동지역 출판문화의 한 축이라 할 수 있다. 1972년 봉정사 극락전의 수리를 위해 해체되면서 묵서명이 발견되었는데 그 내용을 통해 극락전이 원래 대장전의 기능을 했다는 것을 알게 되었다. 대장전에는 대웅전 중창시기인 1435년(세종17) 무렵 대장경 3부가 안치되었으며, 1863년(철종14)에 찬술된 「봉정사극락전중수기鳳停寺極樂殿重修記」를 통해서 19세기에 이르러 대장전의 기능이 상실된 것으로 확인된다.

대장전은 대장경을 봉안하고 관리하는 곳을 의미하는데 대장경이 봉정사 극락전에 안치된 무렵은 세종대에 일본의 요구 등으로 대장경을 많이 찍고 각 지방으로 봉안한 기록이 있어 봉정사도 그런 장소의 한 곳이었을 가능성이 있다. 이러한 봉안처의 선정은 그만큼 왕실의 신뢰를 받고 대장경을 관리할 능력이나 기반시설에 충족한다는 의미인 것이다.

봉정사는 천등산의 개목사와 학가산의 광홍사 등 인근에 사찰들이 인접하고 있고 학봉鶴鳳 김성일金誠一(1538~1593) 종택, 풍산부원군豊山府院君 류중영柳仲郢(1515~1573)의 재사齋舍인 숭실재崇室齋, 안동 김씨 시조인 태사 김선평의 재사인 태장재사台庄齋舍, 송암松巖 권호문權好文(1532~1587)이 건립하여 학문을 강론하던 건물인 관물당觀物堂, 1686년(숙종 12)에 배상지裵尙志 · 이종준李宗準 · 장흥효張興孝의 학문을 추모하기 위해 창건한 경광서원鏡光書院 등이 있었다. 이처럼 사찰과 가까운 거리에 불교문화와 유교문화가 혼재한 지리적 환경을 지닌 봉정사는 다양한 문화가 형성될 수 있는 여건이 갖춰져 있었음을 알 수 있다. 또한 봉정사는 퇴계 이황李滉(1501~1570)을 비롯한 여러 유학자가 방문했음을 기록으로 알 수 있다. 특히 퇴계가 봉정사에 머물면서 인근의 계곡에서 자주 강도講道하였던 것을 기념하기 위해서 1665년(현종 6)에 건립한 누각형樓閣形 정자亭子인 명옥대鳴玉臺를 만들었는데 이는 퇴계와 봉정사의 관계를 잘 보여준다고 할 수 있다. 또한 조선 후기에는 안동의 다섯 문중의 선비 13명이 모여서 만든 모임인 우향계友鄕契를 봉정사에서 가졌다는 사실을 기록한 『우향계안』[1]을 통해서 확인할 수 있다. 이를 통해 봉정사는 유가, 불가를 가리지 않고 많은 이들이 찾았던 사찰이었음을 알 수 있으며, 이러한 기록을 통해 다채로운 문화를 수용하고 공유하는 사찰의 모습을 볼 수 있다.

봉정사와 관련된 가장 이른 시기의 전적은 고려시대 사경인 감지금자 『묘법연화경』 7권본이라 할 수 있다. 이 사경은 광홍사에서 조성되어 봉정사에 봉안된 것으로 1366년(공민왕 15)에 권도남과 권인달, 권윤성 등 권씨 일가와 스님인 계주戒珠 · 세참世昆 등이 돌아가신 아버지와 선조들의 극락왕생을 위해 조성한 것

1 『友鄕稧案』(1865, 고종 2), "玆以開月十日會于鳳停寺", "世好稧會所在天燈山鳳停寺"

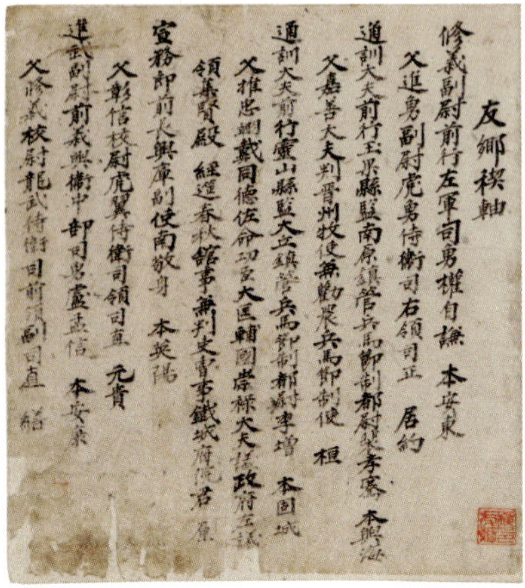


『우향계안』 ©한국국학진흥원(고성이씨 우향계 기탁)

이다. 봉정사에서 사경을 제작한 것은 아니지만 사경을 봉안할 정도의 격이 높은 사찰이며 당시의 다른 경전들도 여럿 봉안되어 있었다는 점을 가늠해 볼 수 있는 유물이라 할 수 있다.

이후 기록물에 대한 자료는 없다가 1728년(영조 4)에 작성된 「천등산봉정사기」를 통해서 당시 봉정사에 보관 중이었던 경전 및 전적을 확인할 수 있다. 이 기록에는 당시 봉정사에 『묘법연화경』 60권, 「중예문中禮文」 2권, 「결수문結手文」 2권, 「운수단가사雲水壇歌詞」 1권, 『불설예수시왕생칠경佛說預修十王生七經』 2권, 『불경시주책佛經施主冊』 2권 등이 보관되어 있다고 전해진다. 또한 1769년(영조 45)에는 봉정사 영산암의 영당을 건립하고 진영을 제작하기도 한 월암지한月庵旨閑이 설봉권성雪月權性과 함께 대규모 경전 간행과 인출 불사를 하여 『상교정본자비도량참법詳校正本慈悲道場懺法』·『범망경노사나불설심지법문품보살계본梵網經盧舍那佛說心地法門品菩薩戒本』, 『범망경梵網經』, 『불설천지팔양신주경佛說天地八陽神呪經』 등이 개판되었다.

표 1. 1769년 봉정사 간행불서

| 연번 | 서명 | 연도 | 목판소장수 |
|---|---|---|---|
| 1 | 상교정본자비도량참법 20권 2책 | 1769년(영조 25) | 127판 |
| 2 | 범망경로사나불설심지법문품보살계본 1책 | | 34판 |
| 3 | 사분계본여석 12권 4책 | | 189판 |
| 4 | 대승기신론소필삭기 20권 | | 200판 |
| 5 | 불설천지팔양신주경 1책 | | 10판 |
| 6 | 보살계의소 2권 2책 | | 32판 |
| 7 | 조왕경 | | |
| 8 | 산왕경 | | |
| 9 | 신중작법청문(또는 절차) 1책 | | 28판 |
| 10 | 수(보살)계문 | | |
| 11 | 비구계칠취대목 | | |
| 12 | 사미계 | | |
| 13 | 계율연기 | | |
| 14 | 위의초록 | | |
| 15 | 지공범본 | | |

*석혜영, 「안동지역 사찰의 출판」, 『안동학』 20, 한국국학진흥원, 2021, 147쪽. 표 참조.

1769년(영조 45)에 활발히 진행된 경전간행에 대해서는 「경상좌도안동서령천등산봉정사대장경루판부수급인출체례규모기慶尙左道安東西嶺天燈山鳳停寺大藏經鏤板部數及印出体例規模記」 현판의 내용에서는 봉정사에서 불경을 인출한 배경, 인출 규정 등이 기술되어 있어 봉정사 경전인출사업은 체계화되고 조직적으로 진행되었다는 것을 알 수 있다. 또한 표와 같이 1769년에 인출된 서적의 목판 중 12종 647판이 확인되고, 같은 해에 영천 은해사에서 개판된 「팔만대장경제목록」 1판도 소장되어 있으며 그 외 간기를 알 수 없는 4종 26판도 함께 소장하고 있다.

18세기 이후부터는 봉정사에서 불교 경전뿐만 아니라 문집 간행도 상당히 많이 이루어졌다. 이상정李象靖(1711~1781)의 『대산집大山集』에는 이상정이 1781

년(정조 5)에 봉정사에 모여 있는 사람들에게 보내는 간찰을 통해 봉정사에서 김성일金誠一(1538~1593)의 문집인 『학봉선생속집鶴烽先生續集』을 교감하는 작업 중에 있다는 기록이 남아있다.[2] 학봉종택과 가까이 있었던 봉정사는 이러한 문집을 간행하기에 좋은 여건을 갖추었을 것으로 판단된다. 이상정의 조카인 면암俛庵 이우李㙔(1739~1811)는 숙부의 문집인 『대산집』 간행에 힘썼는데, 이 문집의 책판을 제작하기 위하여 안동의 광흥사와 봉정사에서 판목 찌는 작업을 했다는 것을 알 수 있다.[3] 또한 조선후기 문집인 금시술琴詩述의 『매촌문집梅村文集』에는 신성모申星模(1763~1827)의 문집인 『도산집陶山集』을 봉정사에서 중간하였다는 기록[4]과 조선 후기 문신인 김흥락金興洛(1827~1899)의 문집인 『서산선생문집西山先生文集』에는 1858년(철종 9)에 『근사록집해近思錄集解』를 봉정사에서 강講하고 증산增刪하는 작업을 했다고 전한다.[5]

봉정사의 인쇄문화에서 가장 주목되는 것은 이러한 문집류의 간행을 위해 1860년(철종 11)에는 간역소가 설치되었다는 점이다. 안동도회소安東道會所 류치임柳致任 등 47명이 예안 교원에 보낸 통문通文에는 봉정사에서 『무신창의록戊申倡義錄』을 인출하고자 간역소를 세웠다는 기록이 확인된다.[6] 또 다른 기록으로는 함양박씨 정랑공파 문중 전적 가운데 1897년에서 1903년 사이의 기록을 모은 『저상일월渚上日月』을 살펴보면 조선 후기의 문신인 류이좌柳台佐(1763~1837)의 『천휘록闡揮錄』 간행을 위해 봉정사에 간역소를 설치했다는 기록도 있다.[7] 또한 퇴계 이황 문집의 중간이 봉정사 간역소에서 이루어졌다는 기록도 전해지고 있어[8] 봉정사는 불교사찰임에도 문집류의 발간이 활발하게 이루어진 핵심 장소였

2 『대산집』 권15, 書 「與鳳停寺會中」.

3 『俛庵集』 권3 「답금자야答金子野」 "板木太半入手 今己在廣興鳳亭之間 烹之幾了".

4 『매촌집』 권2, 詩 "鳳亭寺監陶山集重刊登鳴玉臺伏次先生韻".

5 『서산집』 권5, 「處士金公行狀」, "戊午與諸名勝 講近思錄集解增刪于鳳亭寺".

6 1860년(철종 11) 3월 20일 ; 한국국학진흥원 소장 통문0057 "通文 右文爲通諭事 伏以戊申倡義錄剞劂之役 卽吾南未遑之事也 … 刊所則定于安東鳳停寺"

7 「저상일월」 제9권 중 "初九日 考課于沃野書堂 小渚之翁倂考 納名近百 旱事憔慮 設闡揮錄刊役所于鳳停寺"

8 『모정집』 권5 여봉정간소與鳳停刊所에는 퇴계선생문집의 중간을 마무리하였다는 고유문이 수록되었다.

다는 것을 여러 기록을 통해 알 수 있다.

이는 숭유억불의 시대에서 반가와 불가가 서로 대척점에 서 있던 신분사회의 분위기에서도 안동지역의 유교와 불교문화가 어떻게 교류하는가를 단적으로 잘 보여주고 있다. 또한 다양한 출판물이 생산되는 양상과 우수한 품질의 결과물들을 살펴보면 이는 단순히 신분적으로 위에 있는 반가의 일방적인 지시가 아니라 상호간의 융통성과 문화의 포용성을 엿볼 수 있는 사회 분위기가 충분히 형성되어 있었다고 볼 수 있다.

# 05

# 봉정사에 전해진 사경寫經

사경寫經은 경전을 베껴 쓰는 행위를 나타내기도 하고, 베껴 쓴 경전 자체를 이르기도 한다. 인쇄술이 발명되기 이전에 인도에서 가져온 불교경전을 한자로 번역하면서 광선유포廣宣流布를 위해 일일이 베껴 쓴 것이 사경의 시작이라 할 수 있다. 그러나 목판인쇄가 발명되고 인쇄술이 발전함에 따라 사경은 공덕을 쌓는 하나의 방편으로 장엄과 격식을 갖춘 화려한 장식경으로 발전하게 된다. 우리나라에서 가장 오래된 사경은 통일신라시대에 제작된 백지묵서『대방광불화엄경』이 있지만, 고려시대 말기에 이르러서는 제작기술과 예술적인 측면에서 신기에 가깝다 할 만큼 탁월한 작품들이 쏟아진다.

고려시대 사경은 주로 왕실에서 관장하는 사경원寫經院을 통해서 제작되거나 지방의 호족이나 승려들이 개인발원사경을 많이 제작하였다. 안동에서는 광흥사에서 개인발원 사경을 제작하는 사경원의 역할을 했을 것으로 추정할 수 있다. 특히 광흥사와 관련된 사경의 발원문을 보면 발원자들의 이름과 직위, 발원의 내용 등이 정확히 수록되어 있다.

『조선고적보도』에 게재된 광흥사『묘법연화경』제1권 발원문

『조선고적보도』에 게재된 광흥사 『묘법연화경』 제1권 사경은 현재 소재를 파악할 수 없지만, 1929년에 촬영된 권두卷頭, 변상도 變相圖, 권말 卷末의 사진이 『조선고적도보』에 수록되어 있어 그 존재와 내용을 파악할 수 있었다. 3장의 사진만 전하는 이 사경의 특이한 점은 『묘법연화경』 제1권임에도 권말에 아래와 같은 발원문이 있어 사경의 시대와 발원자를 확인할 수 있다.

都評議錄事典農直長**權啚南**

備巡衛精勇別將 權 仁達

司醞直長同正權 有成

司醞直長同正權 米又 奴

道人 戒珠

道人 世昆

이 사경과 동질인 것으로 보이는 사경으로 국립중앙박물관이 소장하고 있는 감지금자 『묘법연화경』 제7권(보물)과 국립경주박물관 소장의 감지금자 『묘법연화경』 제3권과 제4권(보물)이 있다. 이 3첩의 사경의 크기는 모두 31×11㎝ 정도이며, 제3권 권말에 '시주施主 권도남權啚南'이라는 명문이 있고, 제7권의 권말에는 1366년(공민왕 15)에 권도남 등이 돌아가신 아버지와 선조들의 명복을 빌기 위해 이 사경을 봉정사에 모셔 놓았다는 발원문이 있다.

夫此妙典文字非外色香皆中非離

器求金也是故信則刹那成佛謗則墮

於泥犁昔慧恭之敬誦一部遂感天

花亂墜山龍之唱首題名而使地獄

皆空懶心披經唯見黃紙了無一字

今愚雖未若思齊之心但發難遭

之相故敬寫一部特爲先

父累劫親緣超生淨土云耳

**至正二十六年丙午九月日鳳停畱鎭**

施主

都評議錄事典農直長權 啚南

備巡衛精勇別將 權 仁達

司醞直長同正 權 有成

司醞直長同正 權 米又 奴

道人　　戒珠

道人　　世昷

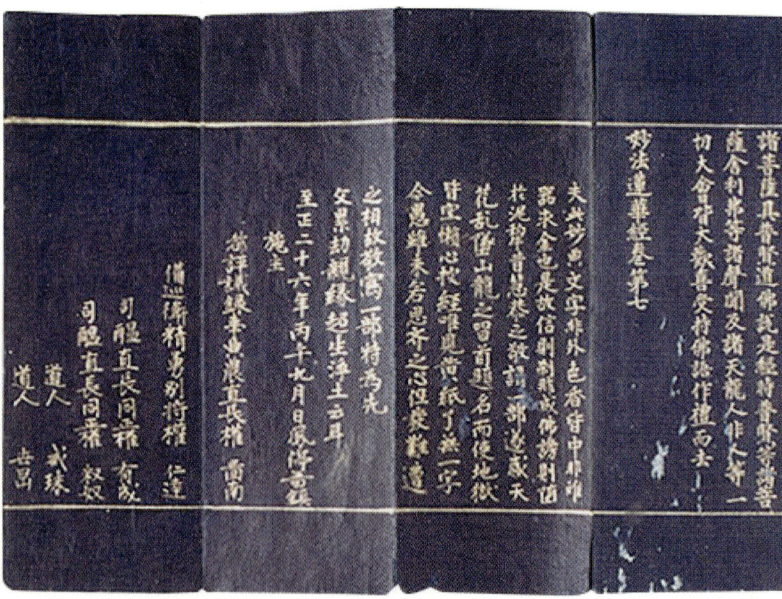

감지금자『묘법연화경』제7권 권말 ©국립중앙박물관

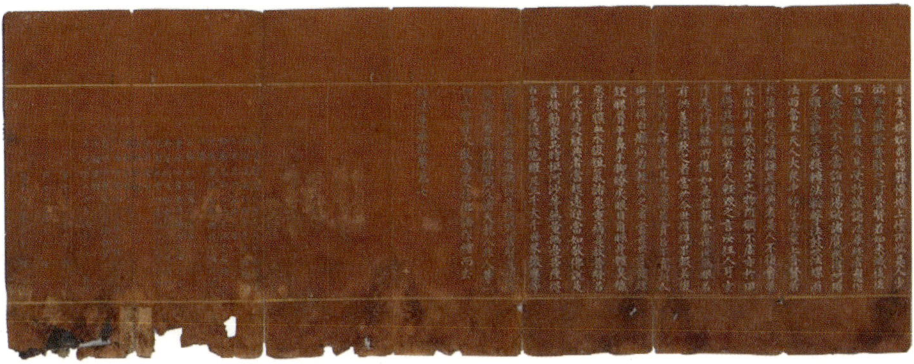

상지은자 『묘법연화경』 7권본 제7권 권말 ©국립중앙박물관

현재 국립중앙박물관에서 소장하고 있는 상지은자 『묘법연화경』 7권본은 1373년(홍무 6, 공민왕 22)에 제작된 사경이다. 제7권 권말의 발원문에는 봉상대부 奉常大夫 지옥주사知沃州事 허사청許士清에 의해 발원되었고, 그의 처 안동군부인 권씨와 수의시주자인 우바이 권씨에 의해 제작된 사경이다.[1] 이 사경은 도갑사에서 전해온 것으로, 지리적으로는 안동과 관계가 멀어 보이지만 발원자 중 안동군부인 권씨와 우바이 권씨는 안동출신으로 이들은 사경의 제작공덕과 발원의 의미를 잘 알고 있었으며, 1366년 사경을 발원한 권도남과도 인척관계일 가능성도 있다.

비록 봉정사에서 제작했다는 사경은 아직 발견되지 않았다. 그렇지만 광흥사에서 만든 사경의 봉안처가 봉정사인 사경과 안동출신의 인물이 다른 지역에서도 사경을 제작한 사례는 안동지역과 안동의 사람들이 사경을 통한 공덕신앙과 발원행위에 대한 인식과 이해가 충분하였고 지역적으로 사경 제작이 크게 유행하였다는 중요한 단서가 된다.

---

1 洪武癸丑四月念有四日 敬誌
奉常大夫 知沃州事 許 士清
同室安東郡夫人 權 氏
隨喜施主優婆夷 權 氏

06

# 가장 오래된 극락전과 가람

사찰을 이루는 핵심은 가람伽藍이다. 가람은 승려들이 모여 수행하는 청정한 장소를 이르는데, 사찰의 건물을 의미하기도 한다. 가람의 배치에 따라 사찰의 성격을 해석하기도 하고, 그 안에 존치된 부처님이 누구시냐에 따라 건물의 이름이 바뀐다.

봉정사는 천등산 기슭의 경사지에 있어 산문에서부터 걸어 올라가야 한다. 오르막을 올라 누강당인 덕휘루德輝樓 앞에 서면 고개를 들어 쳐다봐야 할 만큼의 오르막 계단이 다시 펼쳐진다. 현전하는 봉정사의 가람은 누문을 지나서 마당에 들어서면 서쪽으로는 화엄강당, 고금당, 극락전, 삼성각 등이 자리하고 있으며, 동쪽으로는 대웅전과 비교적 큰 규모의 요사채가 있는 공간으로 나눌 수 있다.

1930년대에는 지금처럼 독립적인 건물로 떨어져 있는 것이 아니라 동서로 나누어 영역별로 조성되어 있었다고 한다. 극락전 앞에는 우화루雨花樓라는 7칸의 긴 행랑이 마당을 감싸고, 고금당과 화엄강당이 이 우화루와 연결되어 있었다고 한다.[1] 대웅전 앞에도 3칸 진여문眞如門이 있어 마당을 폐쇄하는 기능을 했던 것 같다. 극락전 앞면에도 대웅전과 같이 쪽마루가 부설되었고, 고금당의 앞뒤에도 쪽마루가 있어서 극락전 일곽은 승려들의 생활공간이었을 것으로 추정한다. 그러나 지금은 사라지고 지금 우리가 볼 수 있는 대웅전, 극락전, 화엄강당, 고금당 등을 통해 옛 모습을 상상하게 한다.

## 극락전

아름다운 배흘림기둥으로 유명한 영주 부석사의 '무량수전'은 봉정사의 극락전 상량문이 발견되기 전까지 우리나라에서 가장 오래된 건축물이었다. 1972년에 완전히 해체하여 복원하면서 발견된 상량문에는 신라 문무왕 때에 능인대덕

1 우화루는 극락전을 해체 · 수리할 때 봉정사 영산암으로 옮겨졌다.

극락전 전경

이 창건하고 고려시대의 밀암蜜巖과 원감圓鑑, 안충安忠, 보조寶照, 사승士僧, 신경信敬 등 6대 조사가 이어서 중수하였다고 전한다. 1363년(지정 23)에 용수사의 축담스님이 大藏殿에 비가 새고 바닥은 물에 젖어 들보와 기둥이 썩고 훼손되어 중수한 것을 1625년(인조 13)에 다시 지붕을 중수한다는 기록이다. 기록 중 지정至正 23년은 공민왕 12년 때인데 시기적으로 공민왕이 홍건적의 난을 피해 안동에 와 있었을 때이므로 아마도 극락전 중수에 공민왕도 관여되었으리라고 충분히 추측해 볼 수 있다.

목조건축물은 세워진 후 이를 유지하기 위해 수리하거나 고쳐 다시 짓는 것은 필수적인데 대개 150년에서 200년 정도의 간격으로 한다. 그래서 극락전의 건축

연대를 1363년에서 150년~200년 이전으로 역추산하여 12세기 중엽까지 추정하고 있다.

극락전은 앞면 3칸, 옆면 4칸의 맞배지붕 건물이다. 극락전을 보면 큰 건물이 아닌 것 같지만, 4칸을 가진 옆면을 보면 7m 정도의 큰 기둥을 5개나 세웠다. 제일 가운데 기둥이 고주高柱에 닿았고, 기둥 간격을 1.75m 정도로 세웠으니, 옆에서 보면 그 상승감이 경쾌하다. 또 기둥을 이어주는 두 겹의 수평부재들이 꽉 낀 것처럼 결구 되어 있으니 단단한 안정감도 든다. 수평부재인 대들보 위에 '山'자 모양의 복화반覆花盤(엎어 놓은 꽃모양의 부재)을 놓고 그 위에 소로를 놓아 중도리를 받치고, 그 중도리 위에 다시 같은 방법으로 마루도리를 받쳤다. 이렇게 자연스럽고 부드럽게 솟을합장을 만든 방식은 고구려 고분벽화에서 보았던 것과 유사한 점이 있다. 복화반의 모습도 현재 남아있는 우리나라 건축물 중 유일한 사례이고, 고구려와 신라의 영향을 받은 고려중기의 건물로서 극락전의 유일무이한 그 역사적 가치가 돋보인다.

극락전 벽면

극락전 내부

옛 극락전의 모습은 자료사진을 통해 보면 문창살이 각 면에 가득하였다. 1970년대에 좀 더 고려시대와 같은 느낌의 건물로 바꾸기 위해 이른바 복원공사를 하면서 영주 부석사의 무량수전과 비슷하게 좌우의 옆 칸은 살창을 달고, 가운데는 판문을 설치하였다. 그리고 내부 바닥에는 전돌을 깔았으니, 이것이 지금 우리가 봉정사 극락전에 들어가면 만날 수 있는 모습이다.

지금의 극락전처럼 정면에 판문과 살창을 설치한 예는 일본과 중국의 7~8세기 사찰건물에서 사례를 찾을 수 있는데 이러한 건물의 창들이 현재 극락전의 모습과 유사하여 이를 토대로 복원되었으니, 지금의 모습이 수리 이전의 모습보다 오히려 원형에 더 유사할 수도 있겠다.

현재 극락전은 건물 내부에 아미타여래좌상이 안치되어 있고, 그 뒤에는 후불벽이 있다. 불단 위에는 닫집이 설치되어 있다. 극락전의 부처님 앞에서 밖을 보면 햇볕이 모여 뚜렷하게 보이는 경치와 마당, 그리고 약간 거무스레한 삼층석탑을 마주하게 된다. 높이가 3.35m로 이중기단을 가진 고려시대 삼층석탑이다. 신라계의 석탑양식을 충실히 따르고 있지만 고려시대의 특징을 잘 보여주는 석탑으로 아마 극락전이 만들어졌을 때 함께 조성된 것으로 추정된다.

명칭 또한 극락전이니 처음부터 아미타부처님을 모신 불전이라고 생각하기 쉽지만, 앞서 살펴보았던 극락전의 상량문을 통해 이 건물의 용도가 '대장전大藏殿'으로 처음엔 달랐으리라는 것을 알 수 있다. 대장전은 대장경을 보관하는 건물을 말하며 봉정사의 극락전이 대장전으로 불린 경위는 대웅전 종량 장혀의 묵서 중 '大藏經三印(部)中德信貞 知事志明 前基川縣監李陽絢劍'이라는 부분을 통해 짐작할 수 있다. 기록의 내용에 대웅전 중창 당시 봉정사에는 대장경 3부가 보관되고 있었다는 것을 알 수 있다.

## 대웅전

대웅大雄은 큰 영웅이라는 의미로 석가모니를 높여 부르는 별칭이다. 그래서 대웅전은 현세불인 석가모니를 모시는 불전이다. 봉정사를 찾는 누구라도 만세루의 누문 계단을 오를 때면 웅장한 대웅전의 모습이 조금씩 위로 떠오르는 것처럼 보인다. 봉정사 가람배치의 특성상, 극락전과 나란히 서 있지만 중정형태의 배치로 인해 극락전은 화엄강당에 가려져 있어 대웅전은 더욱 선명하게 주목된다.

대웅전의 창건시기에 대해서는 논란이 많았다. 해체수리 공사가 진행되기 전에는 치목의 방법이나 단청, 벽화 등의 양식을 보고 고려시대의 건축물일 가능성을 제기하기도 했다. 이후 수리하는 과정 중 불단 상판의 내부에서 '至正二十一年 鳳停寺啓子造成'이라는 묵서가 발견되었다. 지정 21년은 공민왕 10년인 1361년이므로 확실하게 봉정사가 고려시대에 만들어진 건물로 보았다. 그러나 이후에 대웅전을 해체하면서 나온 종보와 종도리의 묵서명에는 1435년(선덕 10, 세종 17)에 대웅전이 중창했다는 기록이 나왔다. 이를 근거로 대웅전은 조선전기에 세워진 건물이라는 주장이 더 설득력 있게 되었다. 왜냐하면 앞선 불단의 기록은 불단 자체가 다른 전각에서 사용하다가 이동하여 설치될 가능성이 있으므로 이동할 수 없는 기둥이나 보에서 나온 기록이 더 정확하다고 보기 때문이다.

〈대웅전 중보 받침 장혀 묵서명〉

宣德十年乙卯八月初一日書

…(중략)…

茲寺 新羅代五百之餘年至乙卯年分 法堂重倉

去戊申年分 彌勒下生圖畵成 庚戌年二增(層)殿閣造成 辛亥年丹青

壬子年一百分 安居

寺記

大尉王願堂 其時 田畓合五百結 奴婢二白口並以

逢受 丙戌年分屬

寺間閣元數七十間

大藏經三印(部)中德信貞 知事志明 前基川縣監李陽絢劒

그런데 이 묵서들은 몇 가지 혼란을 가져왔다. 1435년(선덕 10)에 쓴 묵서인데도 이어진 내용에 술신년戌申年인 1428년에 미륵하생도 불화를 조성하고, 경술년庚戌年인 1430년에 2층 전각을 세웠다는 것과 신해년辛亥年인 1431년에 단청을 했다는 것, 이듬해인 임자년壬子年인 1432년에 온전히 안거했다는 기록은 맞지 않다. 따라서 위의 중창묵서는 종보를 받친 장혀 윗면에 쓴 것이라 건물이 미완성상태에 쓴 것으로 볼 수 있다. 이 시기는 벽화나 단청 등을 그릴 수도 없고, 온전히 안거를 할 수도 없는 상태이다. 그러므로 여기에서 나온 경신년庚申年의 연대를 1430년과 1370년이라는 두 가지 설로 가정해 볼 때 1370년에 건립된 건물이라 유추할 수도 있다.

그러면 「양법당중수기両法堂重修記」와 극락전의 상량문에 쓰인 「극락전개선중수기極樂殿改繕重修記」의 내용 중 1363년에 세워진 건물은 대웅전이 아닌 다른 건물일 가능성도 있다. 1430년에 2층의 전각을 세웠다는 것은 현존 대웅전의 건물 양식과도 맞지 않다. 그리고 1428년의 「미륵하생도」는 벽화가 아닌 액자형이나 두루마리 형태의 불화일 가능성이 있다. 조선전기인 1432년에는 강력한 억불정책으로 승려의 수가 급감하고 사찰이 위축된 시기인데 200명이 한 사찰 안에 머물렀다는 것도 이해하기 어려운 정황이다.

이어 나오는 병술년丙戌年은 조선 태종 6년에 해당하는 1406년이다. 여기서 대위왕大尉王의 원당願堂이 등장하는데 대위왕은 원래 고려 태조 왕건을 추존하는 존호이지만, 조선시대에도 이성계의 선조들을 왕으로 추존하였다. 그러므로 태종 때에 목조, 익조, 도조, 환조로 추존하면서 세워진 원당일 가능성이 있다.

결론적으로 봉정사 대웅전의 창건은 지정至正 21년인 1361년이지만, 1435년에 중창되었다가, 현존하는 건물은 성종 14년인 1483년에 중건된 것이라 할 수

대웅전 전경 ⓒ도륜

대웅전 내부

대웅전 쪽마루와 들창

있다. 즉 봉정사 대웅전은 14세기 중엽에 처음 세워졌으며, 그 후 15세기 후반에 중창된 것임을 알 수 있다. 따라서 봉정사 대웅전은 우리나라 현존 목조건물 가운데 그 연혁을 정확히 알 수 있는 건물로서 건축사 연구에 있어서 매우 중요한 위치를 차지한다.

중창과 중수를 거듭해 온 대웅전은 현재 어떤 모습인가 살펴보자. 정면 3칸, 측면 3칸의 팔작지붕을 얹은 건물로 지붕 양쪽으로 길게 쭉 뻗은 추녀 덕분에 경쾌한 느낌을 준다. 지붕 처마를 받치기 위해 장식하여 만든 공포는 기둥 위뿐만 아니라 기둥 사이에도 있는 다포양식인데 밖으로 뻗어나간 부재가 꾸밈없이 간명하다. 이렇듯 건물의 가구형식架構形式과 세부기법은 단조로우면서 견실한 고려시대 후기에서 조선시대 초기 다포양식多包樣式의 특징들을 잘 보여주고 있다.

대웅전의 단청은 금단청錦丹靑인데, 색조는 조선초기에 많이 쓰던 단청색조이다. 외부 단청은 많이 퇴락하여 해체 수리 시 다시 칠했지만, 내부 단청은 비교적 선명하게 남아있다. 특히 내부 고주에 그려진 운룡문 등은 옛 모습을 그대로 간직하고 있다. 기둥은 배흘림기둥으로 시각적인 안정감을 보여주고 있으며 이러한 두꺼운 기둥과 낮은 처마, 짧은 도리의 간격 등은 고려시대 건축의 특징을 잘 반영하고 있어 그 역사적 · 예술적 · 학술적 가치를 인정받아 2009년에 국보로 승격되었다.

대웅전의 외관에서 찾아볼 수 있는 또 다른 특징은 기단 위에 올라앉은 건물 앞에 설치된 쪽마루와 들창문이 눈에 띈다. 쪽마루는 일반적으로 건물의 측면과 전면에 설치하는 좁은 마루이며 실내와 실외를 이어주는 완충공간의 역할을 한다고 볼 수 있다. 쪽마루는 보통 양반가옥이나 정자, 서원 등에서 많이 볼 수 있고 불전에서는 봉정사 대웅전과 함께 수덕사 대웅전에서 볼 수 있다. 반가의 건물이나 사찰건물인 대웅전에 이러한 쪽마루가 설치된 것은 기능적인 측면에서 활용도가 있었을 것으로 추정되는데, 특히 여름철에 실내의 환기와 통풍 기능에 도움을 주어 내부공간을 시원하게 유지하는 데 도움이 되었을 것이다. 또 예불이나 행사가 있을 때 수행자의 이동을 더욱 원활하게 했을 것이고, 신도들이 대기를 하는 등 참배할 때 잠시 머무를 수 있는 공간으로 제공되었을 것이다. 비가 올 때면 넓은 처마가 들이치는 빗물을 어느 정도 막아주겠지만, 쪽마루가 있음으로써 어떤 상황에도 비가 직접 실내로 들이치지 않아 실내의 바닥이나 기둥의 밑부분이 물에 젖는 것을 막아주었을 것이다.

들창은 말 그대로 아래에서 위로 들어 올려 여는 창문으로 환기와 채광에 매우 뛰어난 기능이 있고, 고리에 걸어 창을 들어 올려 많은 참배객이 모일 때 외부와 내부 공간을 하나로 연결하는 기능도 있다. 무엇보다 외부에서 실내에 모신 불상을 바라볼 수 있어 넓은 개방감과 함께 안과 밖에 있는 신도들이 신앙적으로 하나가 되는 연결감을 주었을 것이다. 들창은 다른 불전에서도 볼 수 있는 기능적이고 전통적인 창호방식으로 쪽마루와 함께 설치하여 그 효율을 극대화한 것은 봉정사 대웅전이 가진 기능적이고 독특하고 대표적인 건축사례라고 할 수 있다.

## 화엄강당

대웅전과 극락전 사이에 구역을 나누듯 서 있는 화엄강당은 원래 스님들이 교학을 배우는 곳이었고 건물명칭대로 아마도 강당이었을 것이다. 『양법당중수기』 등의 기록에 따르면 같은 경내에 있는 극락전과 대웅전을 17세기에 고쳐지었을 때 화엄강당도 함께 고쳤을 것으로 추정된다. 규모는 정면 3칸, 측면 2칸이며 맞배지붕이다. 벽체에 비해 지붕이 크고, 익공 형식에 가깝게 변한 주심포작도 기둥 높이에 비해 크다. 건물의 크기에 비해 기둥이 짧아 지붕이 크고 무거워 보이는 것은 중정형태의 건물배치로 화엄강당 지붕이 대웅전 지붕 아래로 맞물려 들어가게 하기 위함인 듯하다. 대웅전은 기단 위에, 화엄강당은 기단 아래에 있으니 자연스럽게 화엄강당의 지붕이 낮아진다. 이 건물에는 특이한 창문이 있다. 화엄강당의 옆면으로 돌아가 보면 가운데 기둥이 극락전처럼 용마루까지 솟아오르지 않고 대들보에서 멈춘 뒤 그 위로 살창이 있다. 이 창의 용도는 예전에 강당으로 쓰였을 때 채광창으로 환기나 빛을 들이기 위함이었을 것이다.

화엄강당 ©도륜

화엄강당 살창

## 고금당

'옛 금당'이라는 의미로 볼 수 있다. 금당은 말 그대로 불상을 봉안하던 사찰의 주불전을 말한다. 삼국시대나 통일신라시대에는 다 금당이라고 불렀다. 1616년(광해군 8)에 중수했다는 기록이 있으나 언제 건립된 건물인지는 정확하게 알 수 없다. 그래서 추측하건대 지금의 극락전이나 대웅전이 자리하기 전인 창건 당시에 수도하던 암자의 건물일 것이고 이곳이 불상으로 모셨기에 고려시대 봉정사에서는 이 건물을 옛 금당이라 부르지 않았을까 상상해 본다. 또 금당이라는 명칭은 조선시대에는 부처님의 경지에 이르셨을 고승의 거처로 쓰이는 건물을 칭

고금당

하기도 했다고 하니 그 유래에 대해서는 여러 견해를 참고하여 앞으로도 고민해 봐야 할 것이다.

앞면 3칸 · 옆면 2칸의 규모로 만들어진 지붕은 옆면에서 볼 때 '人'자 모양을 한 맞배지붕의 건물이다. 맞배지붕이라 그런지 건물의 규모에 비해서 지붕이 크고 처마도 길게 뻗어져 나와 있다. 복원 전에는 북쪽 지붕 모양도 달랐고 방 앞쪽에 쪽마루가 있었으며 칸마다 외짝문이 달려 있었다고 하는데 지금은 앞면 3칸에 내부에는 하나의 방으로 이루어진 작은 승방으로 사용하고 있어 여러 차례의 변형을 거친 것으로 보인다.

## 만세루

봉정사에 걸어서 진입하려면 '천등산봉정사天燈山鳳停寺'란 편액을 이정표 삼아 계단을 오른다. 만세루는 1680년(숙종 6)에 건립했다고 전해지고 있으며 원래 명칭은 '덕휘루'였다. 누문 정면에 있는 '天燈山鳳停寺' 편액과 2층 누각 어칸 위에는 '나무아미타불南無阿彌陀佛' 편액과 '덕휘루德輝樓' 편액이 걸려있다. 특별히 '덕휘루' 편액 글씨는 서예가 동농 김가진 선생이 1913년에 쓴 것이다. 계단 위에 걸려있는 '만세루萬歲樓' 편액은 이보다 뒤에 만들어진 것으로 보인다. 그렇다면 언제부터 만세루로 불렸는지는 알 수 없지만, 적어도 1913년 이후에 여러 차례 보수를 거치는 과정에서 '만세루' 편액을 새로 만들어 명칭을 바꾸었다고 추측해 볼 수 있다.

만세루는 정면 5칸, 측면 3칸 규모로, 홑처마의 맞배지붕 건물이다. 앞면에서 보면 2층이지만 누각의 아래 어칸에 출입문을 두어 자연 경사지를 이용한 계단을 지나야 한다. 어칸의 출입문을 들어서기 전 6개의 큰 나무 기둥과 부재들은 곧은 것들이 아니라 베어낸 모양 그대로를 살려 세우고 끼운 것들이라 눈에 익은 듯 자연스럽다. 계단에 서면 좁아지는 듯한 느낌에 고개가 절로 숙여지면서 대웅

만세루 전경

만세루 사물 ©도륜

양법당중수기

봉정사극락전중수기(봉정사)

나무아미타불

천등산봉정사덕휘루중수기

천등산봉정사덕휘루기

봉정사동루기

대웅전관음개금

봉정사고법당불량전답기문

대웅전불량등촉공판기

칠성계서

헌토기

완의

**만세루 안 현판** ©봉정사

전을 보며 올라가게 되어 있고, 누문을 벗어나 돌아서면 단층의 넓은 공간이 펼쳐진다. 2층으로 올라서면 대웅전과 시선을 마주하게 되고 돌아서면 봉정사에서 내려다보는 넓고 시원한 경치가 참 인상적이다. 지금은 불전사물(범종, 법고, 목어, 운판)[2] 중 법고와 목어, 운판이 있다. 법고와 법고대는 조선후기에 만들어진 것으로 보인다.

만세루에는 중요한 역사적 기록들이 많이 있는데 앞서도 언급한 「양법당중수기兩法堂重修記」, 「천등산봉정사덕휘루기天燈山鳳停寺德輝樓記」, 「천등산봉정사덕휘루중수기天燈山鳳停寺德輝樓重修記」, 「봉정사동루기鳳停寺東樓記」, 「대웅전관음개금大雄殿觀音改金」, 「봉정사고법당불량전답기문鳳停寺古法堂佛糧田畓記文」, 「대웅전불량등촉공판기大雄殿佛糧燈燭供辦記」, 「칠성계서七星契序」, 「헌토기獻土記」, 「완의完議」 등 봉정사의 역사가 적힌 현판들이 전시하듯 걸려있다.

## 김가진의 편액과 주련

김가진金嘉鎭(1846~1922)의 자는 덕경德卿, 호는 동농東農, 본관은 안동이다. 조선 말기의 문신이며 독립운동가 및 서예가로 유명한 그는 병자호란 때 강화성에서 순절한 문충공 선원 김상용의 11대손으로 이조참판 수북 김광현의 직계후손이며 예조판서 김응균의 아들이다.

김가진의 독립운동 행적을 보면 3.1 운동 이전에는 애국계몽 운동가로 독립협회에 참가하였고, 1908년 대한협회 회장으로 한일합방을 주장하는 일진회와 대립했다. 1910년, 일제강점 후 조선귀족령에 따라 남작 작위를 받았지만, 강제 병합이 이루어지자 은둔하며 서예에 전념하였다. 1919년 3월 1일에 만세운동이 일

2 불교의식 때 사용하는 대표적인 범음구이다. 부처님의 말씀에 비유하여 경배의 대상으로 삼으며 소리를 듣는 순간 삼계중생이 번뇌에서 벗어날 수 있다고 믿는 신앙적 의미가 있다. 범종의 소리는 명부세계의 중생을, 북소리는 모든 축생들을, 목어소리는 물속 생물을, 운판소리는 날짐승을 제도한다는 상징적인 의미가 있다.

어나자, 제2의 만세운동을 계획하고 비밀조직인 조선민족대동단 총재를 맡았다. 11월에 아들과 함께 대한민국임시정부가 있는 중국 상해로 망명하였다. 임시정부 뿐만 아니라 김좌진 장군이 활동하는 북로군정서의 고문이 되는 등 여러 독립운동에 헌신하였다.

김가진과 안동은 각별한 인연이 있다. 그의 관향일 뿐만 아니라, 아버지 김응균과 김가진 자신이 부사로 부임한 곳이다. 또한 어머니 함안 박씨는 안동 출신으로 그 묘소가 안동 봉정사 뒤에 있었으며, 김가진과 그의 형 김영진의 이름은 안동의 옛 이름인 영가永嘉에서 따온 것이다. 이러한 인연으로 안동에는 김가진의 필적이 곳곳에 남아있는데, 특히 봉정사와 관왕묘를 비롯하여 안동 사대부가의 가옥과 묘당에 김가진이 쓴 현판이 다수 걸려있다.

봉정사에 걸려있는 김가진의 글은 만세루에 걸려있는 '천등산봉정사天燈山鳳停寺'와 '덕휘루德輝樓' 편액, '대웅전' 편액과 주련 등이다. 그런데 만세루에 걸린 두 편액은 현존하고 있지만 대웅전의 편액과 주련은 걸려있지 않고, 김가진의 후손에게 탑본만 전하고 있다.

'덕휘루' 편액은 김가진이 68세에 썼다는 두인頭印이 새겨져 있고 낙관에 계축년癸丑年인 1913년 한여름에 썼다고 되어 있다. 탑본도 있지만 현재는 절반만 전한다. '대웅전' 편액은 후손이 소장하고 있는 탑본을 통해 그 기록을 알 수 있다. 덕휘루 편액과 마찬가지로 두인에 김가진의 나이가 68세에 썼다고 기록되어 있으며, 탑본의 뒷면에는 '안동봉정사법당편액安東鳳停寺法堂扁額'이라는 기록이 있다. 주련의 탑본은 어디에 있던 주련인지 적시되어 있지 않지만, 대웅전 편액 탑본과 함께 전해지고 있다. 탑본은 모두 쌍구법[3]으로 하고, 탑본을 한 종이의 지질이 동일한 것으로 볼 때 대웅전의 주련 글씨였을 것으로 추측한다.

3 쌍구법雙鉤法: 글씨를 베낄 때, 가는 선으로 글자의 윤곽을 그려 내는 법.

천등산 봉정사 편액 '天燈山鳳停寺'

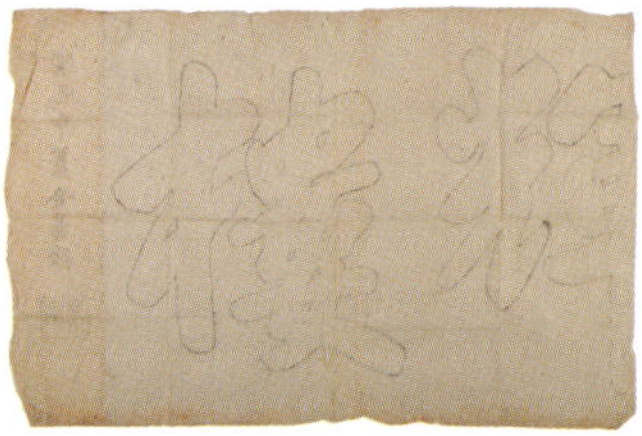

봉정사 덕휘루 편액과 탑본 '德輝樓' 癸丑中夏 金嘉鎭
【家在白雲洞裡】【時年六十有八】【東農】 ⓒ동농문화재단

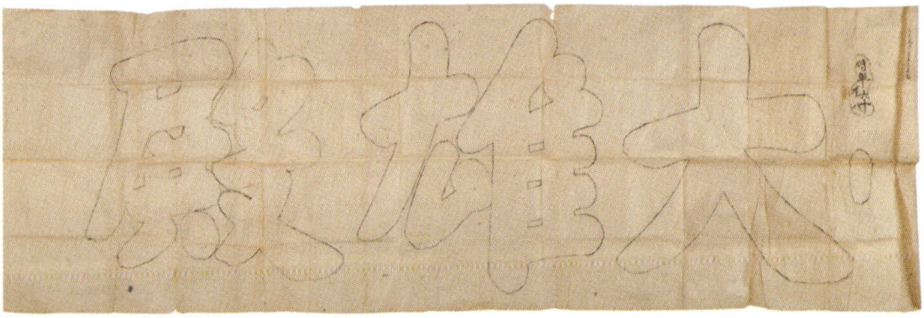

봉정사 대웅전 편액 탑본 '大雄殿'
【時年六十有八】
244×79cm, ⓒ동농문화재단

| | |
|---|---|
| 불경을 강론하는 천등산에 피리소리 울리고 | 演梵天燈鳴鳳笛 |
| 바람결에 종소리 들리니 구름이 누각을 받드네 | 風響仙鐘雲擎樓 |
| 백천의 향기로운 물 흐르는 근원의 머리에서 | 百千香水一源頭 |
| 자비의 구름 법의 바다에 용주를 띄우네 | 慈雲法海泛龍舟 |

**봉정사 대웅전 주련 탑본**
각 19.3×148.5 cm, ⓒ동농문화재단

## 봉정사 영산암

봉정사의 대웅전 옆으로 요사채를 지나 걷다 보면 얼마 가지 않아 돌계단이 있다. 영산암으로 가는 계단이다. 예전에 돌계단이 없을 때는 작은 계곡을 지났던 어렴풋한 기억이 있다. 나뭇잎이 우거진 터널 같은 지금의 돌계단도 물을 건너야 했던 옛날과 마찬가지로 또 다른 신비로운 공간으로 들어서는 느낌이 든다.

영산암 정원

영산암 가는 길

영산암 우화루

우화루 편액

극락전 앞에 있었다는 우화루는 1969년에 해체되었고 초서로 쓴 편액만이 영산암으로 옮겨왔다. 우화루 편액을 달기 이전에는 어떤 이름의 누각이었는지 모르겠지만, 좁은 문으로 고개 숙여 들어가면 비밀스럽고 숨이 멈춰질 정도의 단아하고 아늑한 분위기에 진한 감탄이 나온다. 우화루 밑의 계단을 걸어 오르면 많은 가지가 휘감듯 뻗친 노송. 크고 작은 꽃들과 환하게 피어있는 백일홍이 암자의 정원을 꽉 채우는 듯하다. 그래서인지 경건하고 엄숙한 분위기라기 보다는 소박한 양반댁에 들어선 듯한 느낌이다.

암자 전체가 경상북도 민속자료로 지정된 영산암은 응진전, 영화실, 송암당, 삼성각, 우화루와 관심당 등 5동의 건물이 있다. 영산암의 경내는 지형의 높낮이를 이용하여 마당을 3단으로 구성하였다. 경사지고 네모난 형태의 좁은 공간이지만 상단에는 주불전인 응진전과 나란히 서 있는 삼성각, 영화실이 배치되어 있고, 중단에는 관심당과 송암당이 서로 마주 보고 있으며, 하단에는 우화루가 놓

영산암 우화루

송암당 측면

였다. 중정을 중심으로 오밀조밀 모여 있지만, 마당에 서 보면 우화루와 정자 형태의 송암당에서 탁 트인 개방감이 있어 답답하지 않다. 우화루는 관심당과 송암당을 잇는 좁은 복도로 오갈 수 있는 구조여서 흥미롭다.

영산암 응진전은 정면 3칸, 측면 2칸의 맞배지붕 건물이다. 응진전의 기단은 자연지세에 따라 전면은 높고 후면은 낮게 한 2단 구성을 이루고 있다. 응진전 안에는 석가모니불과 미륵보살, 제화갈라보살 등 삼세불三世佛을 모셨다. 그리고 석가모니를 중심으로 좌우에 수행이 완성되어 성자의 반열에 오른 아라한阿羅漢들 중 말세의 중생에게 그 복덕을 성취하게 하고 정법으로 인도하겠다는 서원을 세운 성자인 16나한을 모시고 있다. 수행을 통해 더 이상 번뇌가 생기지 않는 경지에 이르면, 충분히 공양을 받으실 만하다 하여 '응공應供'이라 불리는 '아라한'이 되고, 그들은 진리와 하나가 되었다 하여 '응진應眞'이라고 부른다.

암자의 창건시기에 대해서는 구체적인 기록이 남아있지 않지만, 1683년의 기록인 「천등산봉정사덕휘루」에 영산전이라는 명칭이 확인된다.[4] 1728년의 「천등산봉정사기」에는 봉정사 왼편에 영산암과 부도암이 있다고 적고 있다.[5] 적어도 17세기부터 현재의 위치에 있었을 것으로 추측된다. 응진전의 동측 충량에 기록된 '병술청명단확광서십이년丙戌淸明丹雘光緖十二年'이라는 묵서를 통해 1886년 음력3월에 응진전의 벽화를 조성했다는 것을 알 수 있다. 또 「봉정사영산암향로전창건기」, 「봉정사영산전중수기」 등의 내용으로 볼 때 1882년에 불이 나서 응진전과 송암당만 남아 향로전을 재건했다는 기록 등이 있어 19세기 말에 추가적인 중창과 중수가 이루어진 것으로 보인다.

4 「天燈山鳳停寺德輝樓記」"……矚之則浮屠大慈開目之菴歇聖望月想西之樓靈山之殿天燈之窟 ……"

5 「天燈山鳳停寺記」"…… 右有菴卽西菴也安寂也 左有菴卽靈山也浮屠也 …… 朝鮮國今上卽位之五年盖淸雍正六年戊申月日也"

응진전 전경 ©도륜

지조암 전경 ⓒ도륜

## 봉정사 지조암

지조암은 봉정사의 산내암자 중 하나로 절에서 서쪽으로 약 500m 가량 떨어진 곳에 위치하고 있다. 오랫동안 봉정사 목조관음보살좌상이 머물렀던 지조암의 건축연대나 창건시기는 명확히 알려지지 않지만, '안동부서천등산지조암중창기安東府西天燈山知照菴重刱記' 현판과 1890년으로 제작이 추정되는 '칠성전단확시주축원문七星殿丹雘施主祝願文' 현판, 1893년에 만든 것으로 추정하는 '지조암知照菴' 편액[6]을 통해 짐작해 볼 수 있다.

'안동부서천등산지조암중창기' 현판은 1895년 4월에 금해錦海가 쓰고, 이후 1907년에 손자에 해당하는 계언 桂彦이 새긴 것이다. 현판의 기록에 의하면 '봉정사 서쪽 산록과 토끼가 뛰어 놀던 지역에 천봉千峰 장로가 입산하여 머리를 깎고 성학性學 화상의 가르침을 받았다. 세월이 흘러 경인년庚寅年인 1890년이 되었을 때'라는 내용으로 시작하고 있어, 1890년에 들어 중창불사가 시작되었던 것으로 보인다. 또한 「칠성전단확시주축원문」에는 같은 해인 1890년에 칠성전을 단청하였으며, 1893년에는 인법당에 지조암 편액을 걸었던 것으로 보아 당시의 중창불사가 실질적인 창건이었을 것으로 여겨진다.

중창 이후 지조암은 인법당과 칠성전, 그리고 요사채 1동으로 이루어진 단출한 가람구성이었다. 최근에 새롭게 불사하여 주전각인 관음전을 비롯해 선방과 요사채를 추가로 건립하고, 축대를 쌓는 등 사역이 크게 확대되었다.

---

6 계사동癸巳冬이라는 명문과 제작상태를 보고 1893년으로 추정한다.

# 07

# 봉정사에
# 나투신 부처님

절에 가면 여러 불전이 있고 그 안에는 여러 가지 모습으로 변신한 부처님을 만날 수 있다. 과거 · 현재 · 미래에 계신 부처님도 있고, 슬픔과 아픔을 달래주고 치유하는 관세음보살, 약사여래도 만날 수 있다. 봉정사에도 여러 부처님이 불화로 불상의 모습으로 구현되어 있다. 그리고 봉정사에 나투신 부처님들의 모습을 통해 지금까지 이어진 아주 긴 이야기와 많은 사연을 접할 수 있다.

## 상처 입은 대웅전의 후불벽화

봉정사 대웅전에 들어서면 불단 위에 삼존불과 아미타후불탱화가 봉안되어 있다. 이 삼존불과 탱화가 모셔진 불단의 양옆으로 상승하는 운룡을 힘차게 그려 넣은 고주가 있고, 그 사이로 높이 360cm, 너비 400cm에 이르는 후불벽에 307×351cm의 후불벽화를 그렸다. 지금은 수리를 위해 벽에서 떼어내어 수장고로 옮겨 보존되고 있다.

후불벽화는 불교 사찰의 법당 내부, 특히 불단 뒤편 벽에 직접 그려 넣은 불교회화를 말하며, '후불後佛'이란 곧 불단 뒤에 모신 부처를 말한다. 그러므로 법당의 주존불과 더불어 신앙적 공감대를 형성하고, 시각적 장엄을 통해 불법佛法의 권위를 드러내는 역할을 한다. 또한 불상을 중심으로 한 신앙 공간으로 장엄하고 신성성을 강조하는 장치라 할 수 있다.

기능적인 측면에서 보면, 첫째로 후불벽화는 불자들이 불상만을 마주하는 것이 아니라, 불상의 뒤에 펼쳐진 장엄한 법화 세계를 통해 신도들은 불법의 무한함과 불국토의 장엄함을 동시에 느낄 수 있게 해준다. 둘째로, 후불벽화는 교학적 의미 전달의 기능을 가진다. 영산회상도와 같은 장면은 곧 석가모니의 설법 장면을 상징하며, 이를 통해 불자들은 법문을 듣는 제자들의 대열에 자신을 동일시한다. 셋째로, 후불벽화는 건축적 장엄의 역할을 한다. 법당 내부 공간이 단순한 건축 구조물이 아니라 성스러운 불국토가 현실로 인식되도록 하는 시각적 장식성이 있다.

봉정사 대웅전의 후불벽화는 대웅전에 남아있는 벽화 중에 가장 오래된 그림으로 고려 후기 불화 양식과 조선 전기 불화 양식이 교차하는 과도기적 성격을 보여준다. 고려 후기의 화려한 색채와 세밀한 표현이 일부 반영되었으나, 조선 전기에 들어서면서 교리적 내용과 화면 구성이 더 강조되어 불교 회화 양식의 변화를 보여주는 중요한 지표로 학계에서는 평가하고 있다. 또한 봉정사의 후불벽화는 건축 구조와 결합되어 있다는 점에서도 의미가 있다. 후불탱화는 이동과 교체가 가능하지만, 봉정사 대웅전의 후불벽화는 벽면에 직접 그려져 건물과 일체감을 이루어 후불벽화의 건축적인 효과와 종교적인 상징성 등을 잘 구현하고 있다.

봉정사 대웅전 후불벽화의 화기에는 제일 먼저 '靈山會圖'라고 벽화의 제목이 있다. 영산회도는 석가모니가 성도成道 후 열반에 들 때까지 45년 동안 가르침을 펼 때 그 설법 장소 중에서 가장 널리 알려진 곳이 영취산靈鷲山(Gṛdhrakūṭa)이며 그 장면을 그린 것이다. 영산회상靈山會上은 석가모니의 법회도량法會道場을 말하는 것으로 석가가 설법할 때 참여한 성문중[1]과 외호중[2]이 희심을 일으키고 천지는 진동하고 하늘에서는 꽃비가 내리고 제천은 기악으로 공양하였다고 한다.

이 벽화의 본존은 원형의 두광과 신광 안에서 설법인을 취하고 있다. 일반적으로 조선후기의 영산회상도에서 본존 석가모니불은 항마촉지인을 취하는 것이 보편적이지만 조선초기에는 원각사 10층 석탑의 영산회에서 볼 수 있듯이 설법인을 취한다. 특히 『법화경』 판본변상도 중에는 설법인을 취하고 있는 예가 흔하며, 특히 이 벽화의 도상과 밀접한 연관이 있는 고려에서 조선 초에 간행된 소자본 『법화경』의 변상판화에서는 본존불이 모두 설법인을 취하고 있다.[3]

1 성문중聲聞衆: 부처님의 가르침을 듣고 수행하여 깨달음을 얻은 제자 무리, 출가자.

2 외호중外護衆: 출가하지 않은 재가신도를 말하며, 출가자를 경제적으로 후원하는 사람, 예: 우바새優婆塞(재가 남성 신도), 우바이優婆夷(재가 여성 신도)

3 소자본 『묘법연화경』 권1-7(1286년, 보물, 리움소장), 『묘법연화경』 권제1(1401년간 추정, 보물, 목아불교박물관소장), 『묘법연화경』 합부(1404년간), 안심사간 『묘법연화경』 판본변상도(1405년, 보

대웅전 후불벽화 ⓒ봉정사

좌우협시보살은 역시 원형의 두광과 신광을 지닌 좌상으로 한 손에 각기 연꽃가지를 잡고 있다. 문수보살은 왼손, 보현보살은 오른손을 어깨높이로 들어 연꽃가지를 잡고 있으며, 반대편 손은 모두 손목을 무릎 위에 올려놓고 문수보살은 검지, 보현보살은 검지와 중지를 위로 세우고 나머지 손가락은 아래로 살짝 굽힌 세련된 모습이다.

문수보살의 왼쪽과 보현보살의 오른쪽에는 각기 범천과 제석천이 본존을 향

물) 등.

해 서 있다. 합장하고 서 있는 자세, 보관, 새의 깃털처럼 끝이 뾰족한 장식이 달린 소매가 넓은 포袍와 좌우로 뻗친 천의자락과 같은 복식의 표현 등 고려 및 조선 불화에서 흔히 보이는 전형적인 도상을 취하고 있다.

이들 삼존 및 범천과 제석천 외에도 10구의 성중들이 각 존상 사이에 상하 2열로 배치되어 있다. 윗줄은 본존과 협시보살 사이에 각 1인, 범천과 제석천 위에 각 2인씩 도합 6인의 제자들이 합장하고 서 있으며, 이중 문수보살의 오른쪽과 보현보살의 오른쪽에 서 있는 제자는 합장한 손에 염주를 잡고 있다. 나머지 4구는 본존의 무릎 좌우에 서 있는데, 매우 작게 그려진 2구는 제자상이고 그들 바로 위에 그려진 존상은 얼굴이 훼손되어 정확하지는 않으나 녹색 두광과 보관, 흘러내린 보발과 복식의 표현으로 보아 보살로 볼 수 있다. 즉 중단中壇의 존상들은 협시인 문수 · 보현보살과 이들 주위에 배치된 범천과 제석천, 보살 2구, 제자상 8구로 구성되었다.

하단은 2열로 구성되며 전체 구성에서 제6열과 제7열로 볼 수 있다. 제6열은 삼존의 바로 아래인 본존불의 대좌 좌우가 되는데 각기 제자 1인, 보살 2구, 천왕 2구씩 배치되어 있고 보살과 천왕 사이에는 협시보살의 대좌가 살짝 보인다. 이 곳은 후불벽을 가로지르는 중방中枋에 해당되는데, 이 중방이 오랜 세월 동안 벽을 지탱하다 언제부터인가 부러져 버렸다. 그러므로 중방의 중앙(벽화 상에서는 본존의 대좌 부분에 해당)이 아래로 주저앉아있는 상태여서 벽체도 균열이 심한 편이고 중방과 벽체의 이격이 심하여 채색도 많이 탈락하여 도상을 거의 알아볼 수 없다. 각 존상의 얼굴 부분도 다른 상과 마찬가지로 전혀 알아볼 수 없다.

여기에 배치된 제자상 2인은 가섭과 아난으로 삼존 이외의 권속 중에서는 가장 크게 그려져 있다. 그 곁의 보살들은 합장하고 있으며, 양 끝에 2구씩 배치된 사천왕의 구체적인 모습은 알 수 없으나 왼쪽의 천왕 중 첫 번째 상은 칼을 들고 있고 두 번째 상은 합장을 하고 있다. 모두 갑옷과 투구에서 붉은 천의자락이 심하게 구불거리며 날리고 있다.

그 아래인 마지막 제7열은 보탑의 용출 장면을 중심으로 좌우에 여러 성중이

작게 늘어서 있다. 훼손이 심해 정확한 숫자를 파악하기 힘드나 좌우 각 8인 정도인 것으로 보이며, 이들은 대부분 홀笏을 들고 있고 소매가 긴 포를 입고 있는데 『법화경』 서품에 등장하는 천자들로 보아야 할 것이다.

이 후불벽화가 일반 불화와 구별되는 특징 중 하나는 꽃무늬로 장식한 화면의 테두리이다. 이런 테두리는 일반 불화에서는 보이지 않지만, 경전 변상도 특히 대부분의 사경변상도에서는 난곽欄廓으로 정형화된 형식이다. 고려시대 사경변상도의 난곽 안에는 대부분 금강저와 법륜이 교대로 이어지고, 일부 판본 변상도에서도 난곽이 있다. 조선시대 사경변상도 중 효령대군과 안평대군 등이 발원한 『법화경』 변상도(1448년간)나 사경 변상도에도 유사한 난곽이 있다. 그러나 봉정사 후불벽화의 난곽에는 당초문을 돌리고 있고 그 위에 만개한 꽃들이 표현되어 있다. 이와 비슷한 유형의 난곽은 안심사 간행의 법화경 변상도, 대자암 간행의 법화경 변상도(1422), 화암사 간행의 법화경 변상도 등이 당초문대를 돌리고 있다.

벽화의 화면 중앙에는 석가삼존을 배치하고 그 주위로 보살과 제석천과 범천 등이 3단으로 배치되었다. 아랫부분에는 십대제자와 보살, 사천왕 등이 상하 2열로 도열해 있다. 그 아래로는 구름이 표현되어 있어 이곳이 장엄한 불국토의 모습이라는 것을 강조하고 있다. 또한 구름은 부처님과 보살들, 그리고 권속들을 구름층으로 구분하는 기능도 있다. 권속들 뒤로 옅은 회청색 구름층이 드리워져 있고 그 위로 조금 더 진한 갈색 구름층, 그 위로 검은 구름층으로 구분하여 아득히 멀고 높은 거리감을 표현하고 있으며 맨 위의 검은 구름층은 굵은 청색선으로 윤곽을 그려 산화散華들이 날리는 천상부와 구분하고 있다. 그리고 본존 두광 위쪽 구름층에서 두 그루의 보수줄기가 올라가고 여기서 좌우로 잎들이 펼쳐져 있다. 암녹색의 보수잎을 배경으로 구름에 싸인 보개寶蓋와 꽃들이 좌우로 퍼져 있는데, 이것은 불상에서 뻗어 나온 상서로운 광채를 받치고 있는 듯한 형상이다. 이와 함께 서광과 구름층 사이의 화면 양 끝 공간에는 비천을 묘사한 듯 북, 피리, 비파, 장고 등과 같은 각종 악기가 끈에 매달려 하늘을 날고 있고, 시방제불이 좌우 5구씩 구름에 싸여 날아오는 장면이 그려져 있다. 이 장면은 경전에서 설한 정토의 모습을 시각적으로 표현한 것이다.

여기서 한 가지 확인하고 보아야 할 것이 있다. 이 후불벽화는 분명 조선전기 봉정사 대웅전을 중창했을 당시부터 있었던 것으로 원래부터 대웅전이었다는 것을 증명한다. 대웅전은 보통 석가모니를 주존으로 하는 전각이다. 그런데 현재 봉정사 대웅전의 주불은 사실 항마촉지인의 본존불과 지장보살 · 관음보살의 협시불이며, 그 뒤에 1713년에 조성된 아미타후불탱화가 걸려있다는 것이다.

아미타불이 주불인 전각은 '극락전', '미타전', '무량수전' 등으로 불린다. 그런데 편액은 대웅전이며 석가모니가 영취산에서 설법하는 장면을 그린 '영산회도'의 후불벽화를 모신 봉정사 대웅전에 왜 아미타불이 계신 것인가? 언제부터 아미타후불탱화가 모셔져 있는가? 라는 의문이 생긴다. 이에 관한 기록이나 전해오는 이야기도 없다. 그래서 몇 가지 가능성을 생각해 볼 수 있다.

봉정사 대웅전 후불벽화는 세상에 알려졌을 때 이미 훼손이 심했다. 화면의 하단부에 가로로 길게 균열이 있고, 대부분의 상은 얼굴 부분이 고의로 훼손된 듯 지워지고 긁혀있었다. 벽화의 상태는 각 존상의 배치와 도상을 겨우 알아볼 수 있을 정도로 손상이 심해 전체적인 채색이나 문양 등만 알아볼 수 있는 정도였다. 그렇지만 이 후불벽화는 현존하고 있는 사찰 벽화 중 전각의 성격이나 도상의 명칭이 일치하는 불화 중 가장 오래된 불화이다.

이러한 훼손의 원인은 크게 두 가지로 볼 수 있다. 첫 번째는 벽체를 지지하고 있는 구조체의 변형으로 인한 화면의 균열과 두 번째는 인위적인 훼손이다. 화면의 균열은 대웅전 건물의 훼손과 변형에 의한 것이다. 후불벽을 형성하는 기본 구조인 고주가 뒤틀리면서 중방과 깃 등 후불벽의 지지체가 균형을 잃어버려 벽체가 종횡으로 크게 갈라졌다. 중방이 부러지면서 그 상하 벽체가 크게 갈라졌는데, 그 틈새로 본존과 좌우 협시보살 아래에 중깃의 목재가 보이는데 이 세 개의 목재가 세워진 곳의 벽체가 세로로 크게 갈라져 있다.

이러한 구조적 원인과 함께 화면에는 최소한 3종류 이상의 인위적인 훼손이

가해졌음을 알 수 있다. 첫째는 채색층을 긁었다. 문수보살과 극히 일부의 권속을 제외한 모든 존상의 얼굴 부분은 인위적으로 화면을 긁어내어 세부표현을 전혀 알 수 없게 만들었다. 두 번째는 이물질의 도포이다. 벽화는 전면적으로 옅은 붓 자국이 화면 곳곳에 덮여있다. 빗자루 정도로 크고 빳빳한 붓에 무엇인지 묻혀 화면 위에 이리저리 그어댄 것인데, 아마도 벽화 전체를 지우려고 시도한 것으로 보인다. 세 번째는 한지와 접착제의 잔여물로 인한 변색이다. 일부 벽면을 한지로 도배하려고 했었던 것으로 보인다. 특히 좌우 협시보살의 두광 위쪽 높이에 가로로 이어진 갈색 흔적이 있는데 이것은 한지와 접착제의 잔여물로 보인다. 아마도 앞에서 언급한 불화의 폐기과정과 관련이 있어 보인다.

이렇게 주존의 변경 원인으로는 새로운 불화를 조성하면 예전에 있던 불화를 태워서 폐기하는 불가의 관습일 수도 있다. 대웅전이 건립될 때 조성된 이 벽화가 이백여 년이 넘는 오랜 시간이 경과하여 손상 등의 이유로 예배의 대상으로서 그 기능을 수행할 수 없으므로 현재의 후불탱화를 새로 조성하게 되었고, 그 무렵 벽화이므로 달리 폐기하기 어려워 풀질 등 이물질을 도포하고, 한지를 붙이는 등의 작업으로 폐기를 대신한 것이 아니었을까 한다. 그러면 그 시기가 아미타후불탱화가 조성된 1713년 즈음에 봉정사내에 스님이나 어떠한 의도에 의해 대웅전에 안치되고, 이에 따라 근래에 들어 항마촉지인의 여래상과 아미타여래의 협시인 관음보살과 지장보살의 상을 모셨다고 추측해 볼 수 있을 것 같다.

화기란畵記欄은 화면 아래 좌우에 하나씩 있는데, 이중 오른쪽 면에만 2단에 걸쳐 기록되었다.

靈山會圖造成施主等禪師洪宝

禪師 蓮待

禪師 德忠 德峯

中德 廻重 信觀 海修 頓旭 性心 義尙 性田 洪湖 祖翁

思敏 信空 信惠 義正

綠事 潘渾 朴氏 崔云奇 林碩根 吐一个 金石老

朴仁兩主

金自鶴兩主

金○○兩主

李明隨兩主

莆豆彦兩主

張忠兩主

金有正兩主

張敦福兩主

金石伊夫妻

店(?)惠彦夫妻

応(?)叱金夫妻

儀正達如

義孜

이 화기에는 벽화의 주제와 시주자만 기록되어 있을 뿐 제작연대와 제작과 관련된 화승과 같은 구체적인 내용은 없다. 그렇지만 벽화는 영취산에서 법화경을 설하는 광경을 그린 '영산회도靈山會圖'임을 서두에 명확히 밝히고 있는 것이 의의가 있다.

시주자는 승려와 속인이 모두 포함되어 있는데 승직은 선사禪師, 중덕中德, 녹사綠事이다. 선사는 일반적으로 승려 혹은 선승을 일컬을 때 사용되기도 하지만 고려시대 선종의 법계 중 하나였다. 이 벽화는 홍보洪宝를 비롯한 4인의 선사, 13인의 중덕, 그리고 녹사 반혼 박씨綠事潘渾朴氏, 최운기崔云奇, 임석근林碩根, 토일개吐一个, 김석노金石老 등의 녹사 및 일반 평신도들이 시주한 것으로 되어 있다. 가장 먼저 이름이 기록된 선사 홍보는 벽화를 조성할 때 화주의 역할을 하였을 것으로 보인다. 그리고 녹사직을 지냈던 박씨 집안의 반혼이라는 사람과 평민으로 보이는 토일개 등 다양한 계층의 시주자들이 동참하고 있다는 것을 보여주는 좋은 예이다. 그렇지만 이 시주자들은 대웅전에서 발견된 묵서의 시주자와 일치하는 사람이 없고 관직도 기록에 남아있지 않아 구체적으로 확인하기는 어렵다.

## 대웅전의 아미타불

봉정사 대웅전은 대개 석가여래가 주존불이어야 하지만, 지금은 대웅전의 후불벽화만 옛날엔 석가모니를 모셨다고 이야기하고 있을 뿐, 현재 주인공은 근래에 조성된 것으로 보이는 아미타삼존상과 바로 뒤에 모신 후불탱화로 「아미타극락회상도阿彌陀極樂會上圖」가 있어 여기가 극락세계라고 말한다.

봉정사 대웅전 아미타삼존상과 아미타극락회상도

현재 보물로 지정되어 보호되고 있는 「아미타극락회상도」의 제작시기는 화기를 통해 1713년(숙종 39)에 조성된 것으로 확인되며 비단 위에 채색絹本彩色하였다. 크기는 가로 405.9㎝, 세로 336.4㎝로 비교적 큰 불화이다. 높은 보좌 위에 가부좌를 한 아미타여래의 수인은 설법인이다. 아미타여래의 좌우로 각 6명씩 모두 12보살이 배치되어 있고, 보살들의 좌우에는 사천왕상이 표현되어 있다. 화면 상단부에는 좌우 6명씩 10대 제자와 범천과 제석천을 그려 배치하였다.

채색은 적색과 녹청색, 군청색 등을 많이 사용하였는데 광배와 본존의 군의 등이 적색을 많이 채용하고 있다. 배 모양을 닮았다 하여 붙여진 주舟형 거신광의 광배는 안쪽에 녹청색으로 칠하고 백색안료로 경계를 표시한 적색의 파도문처럼 문양, 다시 짙은 녹청 위에 금강저를 반복적인 패턴으로 배치하고 다시 흰색의 이중선을 그린 후 적색의 화염문으로 빛이 퍼져감을 표현하고 있다. 이 불화의 화승는 도익이며 화기를 통하여 제작에 많은 승속인僧俗人이 동참했음을 알 수 있다.

畫記：「康熙五拾二年癸巳, 閏五月日安東地天」

燈山鳳[亭寺關院] 會幀, 施主秩, 婆藪施主崔氏兩主,「供養綠色衲大施主」前參奉朴世維兩主,

通政大夫,「供養大施主」鄭○綠色大施主女命玉, 供養大施主通政大夫, 夫朴業, 供養施主李白岩廻, 朱紅施主京居尹, 楠兩主, 黃金施主後代

施主朴得京兩主,「供養施主通政大夫」張信淨兩主, 供養施主 嘉善大夫, 李四山兩主, 供養施主髮興俊, 普施施主金玉男兩主,「供養施主通政大夫」李黃先兩主,「供養施主高尚及兩主」,「供養施主張命哲兩主」施主林○○兩主, 施主鄭命吉兩主,「候靈通施主通政大夫, 夫妻勝玄兩主」施主池守方保體, 施主池眞松兩主, 施主朴行伊兩主, 施主金○○兩主, 施主嘉善大夫金愛, 寶兩主, 後排施主性福比丘, 後排施主行晟比丘, 施主嘉善大夫林玄命, 兩主, 朴聖乂保朴, 鐵物施主金命, 供養施主通政大夫, 懷衍比丘, 寺內秩, 山中老德嘉善大夫, 海玄比丘, 山中老德

學能比丘, 通政法勝比丘, 通政處熙比丘, 通政通侑比丘, 嘉善智彦比丘, 雪談比丘, 性全比丘, 淸圭比丘, 笠坦比丘, 通政玉璋比丘, 時和尚通政大夫, 懷衍比丘, 直舍妙還比丘, 時三綱思益比丘, 書記衍○, 時首僧性釋比丘, 綠化秩, 證明 克念比丘, 持殿 通心比丘, 畫員 道益比丘, 麗淸比丘, 定心比丘, 供養施主石樹比丘, 幸益比丘, 思行比丘, 負木安○○, 別座 宗熙比丘, 化主道人尋寶.

## 관세음보살좌상과 삼매경

불교를 신앙하지 않는 사람도 '삼매경'이라는 말은 대부분 알 것이다. 그리고 힘들고 어려울 때 불자들은 '나무관세음보살'을 입버릇처럼 연호한다. '삼매경三昧境'은 잡념雜念을 떠나서 오직 하나의 대상에만 정신을 집중하는 경지境地에 이르고, 경지에서 바른 지혜를 얻고 대상을 올바르게 파악한다는 것을 의미한다.

'나무관세음보살'은 관세음보살觀世音菩薩에게 귀의한다는 의미이다. 흔히 '관음보살'이라 부르는 '관세음보살'은 한자의 뜻 그대로 '세상의 소리를 듣는 보살'이다. 대자대비大慈大悲의 상징이며, 중생들의 고통과 애타는 부르짖음을 듣고 그들을 구제하는 역할을 맡은 보살이다. 관세음보살에게 귀의하는 것은 그와 같은 자비로운 마음을 본받고, 자신도 다른 사람에게 자비를 베풀겠다는 의지를 다지는 것이다. 그래서 불자들은 본인과 가족, 가까운 인척과 지인들의 안녕과 평안함을 위해 곤란하고 어려움이 있을 때면 '관세음보살'을 연이어 부르며 기도하고 의지한다. 필자는 봉정사에서 관음보살을 만나 삼매경에 잠깐 빠져든 신비한 체험이 있다.

2000년의 봄, 대학원생 첫 학기가 시작하고 얼마 되지 않아 K 선배는 대학원생을 모두 불러 모아 조만간 봉정사에 가자 했다. 봉정사에서 괘불을 걸고 야단법석을 올렸는데 갑자기 비가 와서 괘불을 급하게 내렸다고 한다. 그래서 볕이 좋고 바람도 잘 부는 날을 골라 괘불을 다시 걸어 말린 뒤, 괘불함에 잘 말아 넣는

**봉정사 목조관세음보살상 정면과 측면** 2000년 5월 26일 촬영

작업을 하는데 일손을 보태라는 이야기였다. 불교미술을 공부하는 학생들은 쉽게 접할 수 없는 괘불을 직접 걸어 본다는 이야기에 호기심과 의욕이 발동했고, 그 날씨가 좋은 날이 언제가 될지 기다려졌다. 일기예보와 봉정사의 일정에 맞추어 몇 차례 연기를 하다 5월에 들어서 날이 잡혔다.

참 쾌청한 날이었다. 지도교수님과 대학원 강사님, 대학원생들은 총무스님의 지휘로 대웅전 앞 괘불대에 수평을 맞춰 걸고, 밧줄을 당기고 당겨 괘불을 다시 세웠다. 밧줄을 고정하자 이내 괘불은 범선의 돛처럼 팽팽해 지면서 시원한 바람과 적당한 햇볕에 먼지와 습기가 기분 좋게 털리는 느낌이 상쾌했다. 유일한 남학생이던 나는 대웅전 앞 만세루 지붕 위에 사다리를 타고 올라가 파란 하늘, 푸른 숲을 배경으로 대웅전 앞에 걸려있는 괘불의 사진을 찍는 호사도 누렸다.

하늘만큼 펼쳐진 괘불을 한참 바라보고 있던 강사님은 봉정사의 비불祕佛로 목조관음보살좌상이 있다던데 괘불 앞에 모시고 친견하면 더 좋을 것 같다며 스님에게 연신 부탁했다. 스님은 아직 비공개라며 손사래를 치셨지만 거듭 간곡히 부탁하자 스님은 할 수 없다는 듯이 일어서시며 나를 부르시더니 따라오라고 하셨다. 종무실 한켠에 있는 큰 철제금고의 문을 '쿵' 하고 여시더니 '들어!' 하신다. 지금은 보물로 지정되어 있지만, 그땐 일반인들에게 알려지지 않은 처음 보는 보살상이었다. 앉은키가 그래도 1m는 넘어 보였고 덩치도 꽤 있었다.

가뿐했다. 두 팔을 벌려 끌어안은 순간부터 대웅전 앞 괘불대까지 어떻게 걸어갔는지 알 수 없었다. 두 발은 구름을 타고 가듯 하고 주변엔 향기가 가득하며 내 품에 안긴 관세음보살은 깃털처럼 가볍고 아늑하고 따뜻한 체온이 느껴졌다. 나중에 어느 스님에게서 들은 얘기지만 삼매三昧에 들었을 때도 그와 같다고 한다. 관세음보살을 들고 가는 그 몇 걸음 사이에 성보를 지키며 살겠다는 서원誓願이 섰다. 그 일이 있은 며칠 뒤인 2000년 5월 31일에 잠깐이나마 삼매에 머물게 해준 그 목조관음보살좌상이 언론을 통해 세상에 본격적으로 알려졌다.

봉정사 목조관음보살좌상은 사실 이전부터 봉정사 지조암에 모셔져 있었지만, 1753년(영조 29)에 설봉 사욱雪峰思旭스님이 쓴 봉정사 만세루의 「대웅전관음개금현판」에는 '봉정사 대웅전에 아미타삼존불이 모셔져 있었는데, 아미타불과 대세지보살은 새로 조성했으나 관음보살은 금칠이 벗겨져 개금하였다'라는 내용이 적혀있다. 현판 마지막에 관음상이 1199년(신종 2)에 만들어졌으며 1364년(공민왕 13)과 1751년(영조 27)에 개금하였음을 밝히는 기록이 확인되어 한국에서 가장 오래된 목조불상으로 다시금 조명받게 된 것이다. 또한 기록을 통해 보면 원래 대웅전에 있었던 보살상인데 암자인 지조암에 옮겨져 봉안되어 최근까지 전해진 것에 대해서는 그 자초지종을 알 수 없다.

「대웅전관음개금현판」 중

'蓋佛像初剏於承安四年而厥後大元至正二十四年始以改金今於乾隆十六年亦爲改金'

봉정사 목조관음보살좌상의 조사과정 중 보살상의 복장에서는 『중수원문重修願文』이 발견되었다. 『원문願文』에도 개금불사의 주최는 설봉사욱이며, 그는 국태민안과 정토왕생을 바라며 개금불사를 진행하였고 그 내역을 기록했다. 개금발원문은 사욱이 찬하였고, 연화질 명단은 봉정사 승려인 재성載聖이 기록했다. 개금발원문의 끝부분에는 다음과 같이 기록되어 있다.

> 朝鮮國漢陽時三百六十一載, 大淸乾隆十八年癸酉五月日重修改金觀音
> 尊像, 安于安東西面, 天燈山鳳停寺大雄殿」
> 高麗國大元至正二十三年癸卯閏三月二十一日改金

조선이 한양에 개국한 지 361년째 되는 건륭 18년인 1753년 5월에 중수개금한 관음상을 안동 서쪽의 천등산 봉정사 대웅전에 안치하였는데 불상은 고려시대인 지정23년 계묘 윤3월21일 개금하였다고 기록되었다. 『원문願文』의 뒷면에 '천등산인설봉당대선사사욱天燈山人雪峰堂大禪師思旭'이라고 기재되어 있다. 그러나 『현판』과 『원문』은 모두 설봉당 사욱이 쓴 것으로 보고 있지만, 두 기록은 내용과 시기의 차이가 있다. 『원문』은 관음상의 개금에 대한 경위보다는 국태민안國泰民安과 정토왕생淨土往生 등을 발원하고 그야말로 발원문의 성격이 강하지만, 『현판』은 관음상의 개금경위를 비교적 자세하게 기록하고 있고, 황금시주자인 홍밀弘密과 화주인 지한旨閑의 공로를 부각시키고, 시주질에 승계僧階나 관명官名까지 포함하여 기록하고 있다. 특히 홍밀弘密과 김윤일金允一, 장시재張時載, 임관수林冠壽등 4명은 관위를 포함하여 이름을 가장 앞에 큰 글자로 적어 시주자의 이름을 널리 알리는 목적이 있어 보인다. 비록 기록의 시기가 1~2년 정도 차이가 있지만 사욱이 남긴 기록은 목조관음보살좌상에 대한 역사와 신앙 이력까지 자세히 전하고 있어 그 사료적 가치가 빛난다.

봉정사 목조관음보살좌상은 그 명칭에서 알 수 있듯이 앉은 자세의 보살상으로 머리에는 화관花冠을 쓰고 있으며, 상체는 통견通肩의 법의를 입었고, 가슴 부분에 장식이 조각되어 있다. 불상은 높이 105㎝, 폭 63㎝ 크기로 결가부좌에 설법인說法印을 하고 있다. 현재 머리에 화려하고 높은 보관을 쓰고 있는데 이것은 최근에 다시 만들어 씌운 것이다. 머리카락은 기둥처럼 상투를 틀어서 높이 올리고, 양쪽 귀를 지나 어깨 위에 걸쳐져 몇 가닥으로 나누어 흐르게 하였다. 이목구비가 뚜렷하며 뺨에는 약간 살집이 잡힌 얼굴은 단아한 표정을 짓고 있다. 눈은 가늘게 반개하고 있고, 수정을 불상 안쪽에서 끼워 눈동자를 표현하였다. 이러한 수정의 감입은 비슷한 시기 동아시아에서 확인되는 불상제작 기법으로, 우리나라에서는 봉정사 목조관음보살좌상이 가장 이른 시기의 작례이다. 몸체는 균형 잡힌 당당하며 긴장감 넘치는 옷 주름, 그리고 정교하고 세련된 영락 장식들이 조각된 전체적으로 우아하면서도 유려한 아름다움이 잘 표현하고 있다.

봉정사 목조관음보살좌상의 복식服式은 한 장의 대의를 양어깨에 걸친 통견식으로 소매 끝자락이 양 무릎 위에 삼각형 모양으로 흘러내리고 있는 점이 특징적이며, 대의 위로 화려한 목걸이와 영락장식이 있다. 현존하는 목조관음보살상 중 12세기 말에서 13세기 전반으로 제작 시기를 추정하고 있는 '안동 보광사 목조관음보살좌상'이나 '서산 개심사 목조아미타여래좌상' 등과 유사하여 관련성이 있다고 하겠다. 이러한 방식으로 옷을 입은 상들은 중국의 남송대南宋代에 유행했던 우아하고 장식적인 경향이 있는 불상들과의 작풍과도 개연성이 있다. 이처럼 단아하고 우아한 불상들이 고려후기에 크게 유행했는데, 봉정사의 목조관음보살좌상은 기법이나 양식, 기록을 보더라도 고려시대 보살상 중 가장 이른 시기에 조성된 매우 중요한 상으로 평가되고 있다.

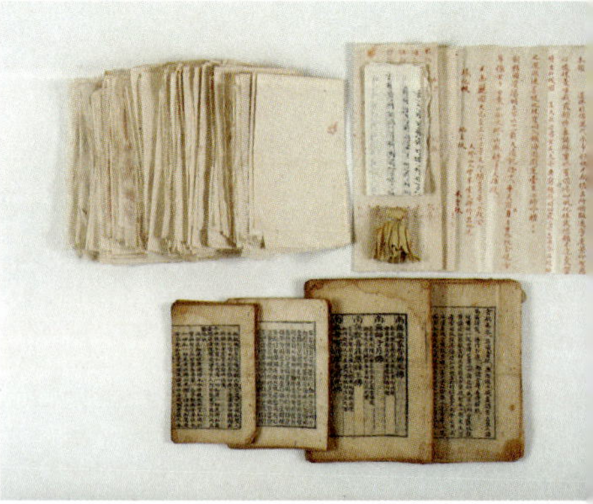
관세음보살상 복장유물일괄 ⓒ봉정사

봉정사 목조관음보살좌상에서는 세상의 이목을 집중시킨 복장유물服裝遺物이 발견되었다. 「미타참회문彌陀懺悔文」 분권分卷, 『법화경法華經』 분권, 『월인석보月印釋譜』 분권, 「설봉사욱개금발원문雪峯思旭改金發願文」이 발견되었고, 금속 재질의 팔각형 함 속에 금속판 3편과 주사로 진언을 쓴 한지 92장이 나왔다. 특히 『월인석보』는 분권이기는 하지만 현재 국내에 완질完帙이 없는 상태라 매우 귀중한 자료이다.

## 166명의 서원과 영산회괘불도

사람들이 많이 모여서 시끌벅적하고 어수선할 때 야단법석이라 한다. 야단惹端은 '떠들거나 큰 소리로 꾸짖는 것'을 뜻하고 여기에 법석法席이 결합하여 소란스러운 상황을 의미한다. 이 용어는 한자와 고유어가 결합한 형태의 단어로 지금은 그런 뜻으로 쓰이지만, 원래 절에서 법당이 좁아 많은 사람이 들어가지 못할 때, 야외에 임시로 단을 마련해 설법을 듣는 자리를 일컬어 '야단법석野壇法席' 이라 한다. 불교에서 말하는 이 야단법석은 원래 영취산에서 석가모니가 법화경을 설할 때 수많은 사람들이 모여 그 설법을 듣는 영산회의 모습을 구현한 것이며, 절에서 초파일이나 큰 재齋가 있을 때 거대한 불화를 걸고 행하는 야외행사이다. 이런 큰 행사에 거는 불화가 바로 괘불이며, 봉정사는 '영산회괘불도'라는 큰 괘불이 있다.

나라를 위해 희생된 영혼을 위로하는 '영산재', 육지와 물에서 죽은 모든 중생을 위로하는 '수륙재', 생전에 지은 업보를 미리 닦는다는 '예수재' 같은 법회가 대표적이다. 봉정사에도 이렇게 큰 괘불이 있으니, 필자가 봉정사 목조관음보살좌상을 번쩍 들고 나아가며 서원을 세운 것은 바로 야단법석과 봉정사 괘불 덕분이다. 이러한 봉정사 괘불을 만드는 데는 얼마나 많은 사람들의 동참과 서원이 있었을까?

봉정사의 괘불은 1710년에 제작된 '영산회도靈山會圖'로 2010년에 보물로 지정되어 보호되고 있다. 중앙에 커다랗게 표현된 석가모니를 중심으로 팔대보살

봉정사괘불 ©봉정사

과 십대제자에 둘러싸여 있는 비교적 간단한 구도이지만 크기는 세로 7m가 넘고 가로는 6m에 이를 정도로 압도적이다. 이 큰 불화를 그린 사람은 도문道文, 설잠雪岑, 승순勝淳, 계순戒淳, 해영海英, 종열宗悅, 성은聖블 등 7명의 화승이 제작하였다. 이 가운데 도문, 설잠, 계순, 해영 등은 1709년에 예천 용문사 팔상도를 제작하였다고 하니 이 화승들은 경상도를 중심으로 활발한 활동을 한 화승들이었으며 그들의 제작수준이나 팀워크가 매우 훌륭하여 그 실력과 분위기가 고스란히 봉정사 괘불에 이어졌을 것이다.

본존인 석가여래는 아미타불처럼 오른손을 어깨 위로 올리고 왼손은 배 부분에 올려놓고 있어 설법인을 취하고 있는 듯 하나 화기에 '영산회靈山會'라 적고 있어 석가모니불임을 알 수 있다. 오른손은 가슴 앞에 두고 왼손은 배 앞에 든 석가모니불은 붉은 화염무늬와 녹색 모란문으로 채워진 주형舟形 광배로 형상화하였다. 가슴에는 금색의 '卍'자가 있는데 금니로 채색하는 대신 'ㄱ'자 모형의 금박을 교차시켜 '卍'자를 만든 후 바탕에 덧붙인 형태이다. 아마도 야단법석을 위해 바깥에 괘불을 걸었을 때 빛을 반사하여 보다 입체적이고 생동감 있는 효과를 기대했던 것으로 보인다.

본존의 좌우로는 투명한 광배를 가진 문수보살과 보현보살이 있고 그 옆과 상단에는 녹색 두광을 가진 여섯보살을 배치하였다. 화면 맨 아래에는 연꽃을 든 보살 3위와 여의如意를 든 보살이 나란히 서 있으며, 중간열의 좌측에는 그 위에는 보관에 정병이 있고 보협인을 든 대세지보살과 우측에는 화불이 있는 보관을 쓰고 정병을 든 관음보살이 있다. 상단에는 좌우에 두 손을 합장한 같은 자세로 1위씩 보살이 서 있다. 석가모니불의 광배 위쪽으로 가섭존자와 아난존자를 비롯한 제자들과 두건을 쓴 나한이 배치되었다. 가섭존자의 얼굴은 주홍빛에 가깝게 채색하고 흰색으로 털과 수염을 그렸다. 또 먹과 담채를 섞어 주름진 피부를 표현해 연륜이 느껴진다.

봉정사 괘불의 특징은 다른 괘불과 달리 사천왕, 팔금강, 호법신 등을 생략해 구성을 단순하게 하는 대신 여래와 그를 둘러싼 보살과 제자들의 크기 차이를 크게 하면서 화면을 가득 채우는 것이다. 또한 가운데 주불을 중심으로 보살과 권속들이 둘러싸면서 보살이 본존의 어깨 부분까지 올라오는 등 크게 묘사된 것이 특징이다. 이러한 구성과 배치는 한때 상주와 문경을 중심으로 한 경상도 일대에 유행한 형식으로 이런 형식을 가진 괘불은 1688년의 북장사 괘불(보물), 1703년에 제작된 문경 김룡사 영산회 괘불도(보물), 1788년의 남장사 괘불 등이 대표적인 예이다.

봉정사의 괘불을 제작하기 위해 많은 사람들이 동참하였을 것인데 그에 대한 정보는 불화의 하단에 남겨진 화기에서 확인할 수 있다. 화기는 화면 하단과 녹색으로 채색된 장황부 위 여백에 먹으로 썼는데 '강희康熙 49년 4월 23일 봉정사 영산회 1부를 그렸다.'라는 조성일시와 봉안장소, 괘불의 명칭을 적었다. 그리고 제작과 관련된 인연을 쓴 연화질은 왼쪽에 배치하고, 시주질은 승속을 구분하지 않고 기재했으나 '본사시주질本寺施主秩' 항목을 별도로 두고 본사 승려의 시주내역을 따로 적었다. 내용을 간단히 보면 90여 명의 시주자, 7명의 화승, 산중노덕을 비롯한 50여 명의 승려, 20여 명의 연화질의 서원을 담아 봉정사 괘불이 완성되었다. 또 일반 신도로 이름이 기록된 이는 부부를 뜻하는 양주로 기록된 인원을 2인으로 계산하면 78명이다. 그래서 승속을 합쳐 이 괘불을 만들며 서원을 세웠을 사람이 총 166명에 이른다.

## 화주 심보와 대시주 장명철

봉정사의 괘불을 만드는 화주를 맡은 이는 심보琛寶 비구이다. 화기에는 '간선도인幹善道人 대대화사大大化士'로 그 공덕을 높였다. 그는 1713년에 조성한 아미타불회도에서도 화주를 맡았다. 화주는 불사를 하기 위해 시주와 단월檀越(자비심으로 조건 없이 절이나 승려에게 물건을 베푸는 일)을 모으는 일뿐만 아니라 증명과 양공이나 승장을 초빙하는 일까지도 맡아야 했다. 괘불의 화기 좌측에 있는 연화질에는 괘불 조성의 증명은 선종대선사 일념一念이 맡았고, 화승은 도문 · 설잠 · 승순 · 계순 · 해영 · 종열 · 성은 등 7명이 맡았다. 별좌別座는 옥경玉境 · 의형儀亨 · 지첨芝沾이고 이어서 공양주와 부목 박담선朴談先, 대목에는 도옥道玉과 의탁儀卓, 간선도인 대화사인 심보가 기록되어 있다. 부목과 대목은 괘불의 축과 괘불함을 조성하는 임무를 맡았을 것이다. 화기의 끝에는 이 공덕이 일체 중생에게 널리 퍼져 모두 불도를 이루기를 기원하는 서원으로 마무리하고 있다.

심보의 권선으로 불사에 참여한 가장 큰 시주자는 장명철張命哲과 그의 부인이다. 이들은 괘불의 바탕천과 배접용 종이를 비롯해 많은 시주를 하여 시주질 첫 줄에 '바탕후배 겸 대시주자'로 이름을 올렸다. 장명철 부부는 3년 후인 1713년 봉정사 「아미타불회도」를 조성할 때도 시주자로 등장하는 데 이들은 봉정사 인근에서 살던 신도일 가능성이 높다. 괘불 제작에 있어 가장 중요한 큰 바탕천과 많은 화구를 마련하는데 시주로 동참한 사람이 총 37명으로 화기에 기입된 순서에 따라 앞부분부터 바탕 및 후배지, 포 등 대시주를 한 사람들의 이름이 먼저 기록되었을 것이고, 이어 공양시주로 13명이 참여하고, 단순시주로 25명이 동참하고 있음을 알 수 있다. 또 시주내역 중에는 안료의 명칭과 시주자를 별도로 구분하였는데, 주홍 · 중청 · 하엽 · 황단 · 황금 등 필요한 안료를 시주한 11명의 시주자와 복장물인 후령통을 시주한 사람도 별도로 기재하였다.

## 여사당 묘정의 대시주

봉정사 괘불 시주자 중 주목되는 인물은 두 번째 대시주자인 묘정이라는 여자이다. 부부는 '양주兩主'로 표기되는데 묘정은 화기에 '단신單身'으로 기록되어 있다. 조선시대의 불교가 여성의 헌신적인 시주와 독실한 신앙으로 이어졌다고 하지만, 당시 사회적인 분위기에서는 여성이 단독으로 경제적인 불사에 대시주자로 등극하는 사례는 매우 드물다.

묘정은 괘불의 각종 채색과 비단을 후원하는 등 크게 이바지했는데, 봉정사의 괘불 이외에도 1705년 예천 용문사의 괘불과 1709년 용문사 천불도와 팔상도 조성에도 적극적으로 동참한 것으로 확인된다. 용문사 불사에도 묘정은 대시주자로 가장 첫 줄에 이름을 올린다. 또 '경기도성내京畿都城內', '경내京內', '명월사당 묘정' 라고 기입해 인근이 아닌 서울에 사는 사람이라는 것과 그녀의 소속을 알 수 있다.

봉정사가 위치는 안동, 예천의 경북 북부지역은 조령鳥嶺을 통해 한양과 경상도를 오가는 길목에 자리 잡고 있어 경기지역의 사람들이 시주자로 불사에 동참하는 경우가 많이 있었다. 그러나 묘정이 무슨 연유로 봉정사에 대시주로 동참하였는지는 구체적으로 밝혀지지 않았다. 다만 몇 가지 공통점은 바로 묘정이 대시주로 참여한 모든 불사에는 화승 도문이 관련되었고, 봉정사 괘불의 증명을 맡은 대선사 일념이 연화질의 첫 줄에 등장하는 점이다. 또 하나 특이한 점은 묘정은 사당이라는 것이다.

화기에는 묘정이 '명월사당明月舍堂'이라는 이름으로 사당패의 일원임을 밝혔다. 사당패는 남사당과 여사당으로 구분되는데, 사당패는 「감로도」나 「풍속화」에서 묘사되기를 각종 수륙재와 같은 불교의례가 있을 때 악기를 연주하거나 춤을 추는 공연을 하는 모습이 그려진다. 감로도에서는 이들을 '우바이優婆夷', '우바새優婆塞'로 기록하기도 한다. 이는 불사의 시주하는 재가 신도를 의미하는 동시에 연행자로 활동하는 사당패를 뜻하기도 한다. 그러므로 사당은 사찰의 승려와 재가 신도를 이어주는 중간자 역할을 수행했다고 볼 수 있다. 또한 사당은 불상의 보수, 불화 조성, 불답의 시주 뿐만 아니라 경전과 주석서의 간행에까지 다양한 불사를 후원하고, 사찰의 경비를 모으는 화주역할을 담당하기도 했다는 사례가 있다.

〈영산회괘불도의 화기〉

康熙四十九年歲次庚寅四月二十

三日鳳停寺靈山會一部

施主秩

菠蕩後排兼大施主張命哲兩主

各色彩色飛端兼大施主明月舍堂妙淨單身

朱紅大施主林乭連兩主

重青大施主尚承單身

菠蕩施主潘石礼兩主

菠蕩施主種當兩主

菠蕩施主趙貞玉兩主

菠蕩施主李德貴兩主

供養施主通政大夫鄭世兩主

布施施主聖旭比丘

供養施主印淳比丘

菠蕩施主通政大夫裵哲賢兩主

布施施主妻仁劒

菠蕩施主金允礼兩主

菠蕩施主金硿山兩主

菠蕩施主金弓礼兩主

荷葉施主朴奉伊兩主

菠蕩施主碧礼兩主

供養施主通政大夫張信伊兩主

供養施主李屎栗岩回兩主

菠蕩施主朴戒玄兩主

朱紅施主一湖比丘

通政大夫黃是敏施主

供養施主金丁龍兩主

布施主鄭己奉兩主

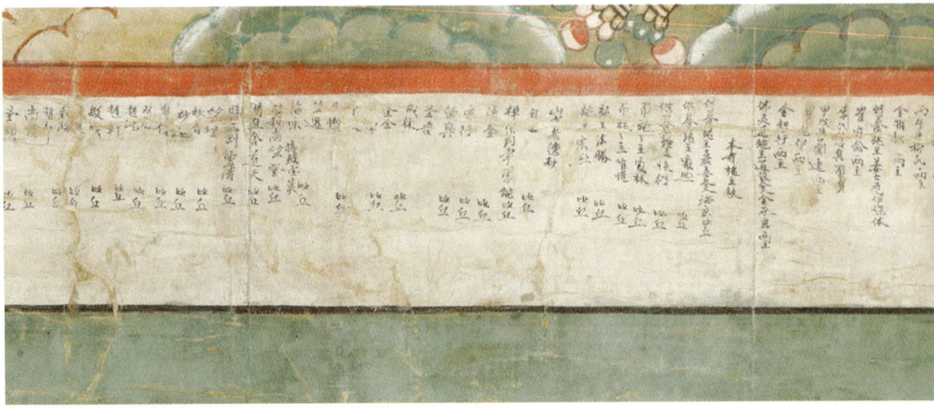

봉정사괘불 시주질 ⓒ봉정사

菠蕩施主朴勿伊兩主

菠蕩施主金戒命　兩主

黃丹大施主金丁建兩主

菠蕩施主朴山彔兩主

黃金施主黃㐎里兩主

施主金還難兩主

張戊尚兩主

覺兼比丘

菠蕩施主朴望日兩主

黃哲己兩主　金己立供養施主

姜厚方兩主

幼學乙丑生柳氏兩主

戊辰生柳氏兩主

丙午生柳氏兩主

金哲松　　兩主

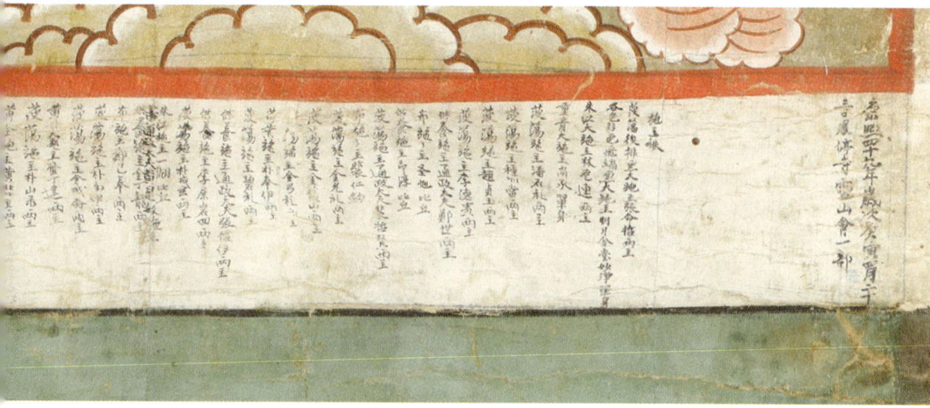

供養施主姜七乭伊保体

崔守命 兩主

李氏聢真單身

甲戌生蘭連兩主

崔先伊兩主

金智行兩主

佛灵通施主通政大夫金承玄兩主

(하략)

# 08

# 월암이 세운 영당影堂, 유성이 그린 진영眞影

'진영眞影'이란 '진짜 모습을 담은 그림'이라는 뜻으로, 뛰어난 수행과 덕망을 지닌 고승高僧, 즉 훌륭한 스님들의 모습을 그린 초상화로 조선후기부터 활발하게 제작되었다. 임진왜란과 병자호란 등의 국난에서 청허당 휴정과 사명당 유정은 승병을 이끌며 전장에서 크게 기여하면서 불교의 사회적 위상을 회복시켰다. 또 조선 후기에 전후 복구와 불교증흥에 크게 기여한 부휴 선수浮休善修(1543~1615)와 그의 제자인 벽암 각성碧巖覺性(1575~1660) 등의 법맥을 계승한 후손들이 전국에 분포하게 되었다. 점차 서산계와 부휴계의 후손들은 세대를 거듭하면서 분파되어 세거 사찰을 중심으로 크고 작은 문중을 형성하였고, 이들 문중은 사찰에 정착하면 선대조사를 현양하기 위해 문중을 대표하는 스님의 초상 즉, 고승진영을 조성해 영각에 봉안하면서 해당 사찰 혹은 인근 지역에 분포한 후손 간의 결속을 다지고 문중의 위상을 드러냈다.

봉정사에도 15점의 고승진영高僧眞影이 전하고 있는데 모두 18세기 후반에서 19세기경에 제작된 것이다. 지금은 모두 봉정사 수장고로 옮겨져 보관되고 있지만, 이 진영들은 원래 봉정사 영산암의 영당에 모셔져 있었다. 영산암의 영당의 위치는 현재 우화루와 연결된 관심당 일 것으로 짐작하는데, 우화루의 상층은 2칸에 판벽을 세워 마루방을 만들고 나머지 3칸은 대청으로 사용되고 있다. 이 대청이 관심당과 연결된 구조로 영당일 가능성이 있다고 본다.

일제강점기에 작성된 『봉정사 재산목록』에는 경내에 1점, 영산암에 18점이 봉안되어 있다고 한다. 이후 봉정사 영산암 진영은 기년명 진영과 일부 진영을 봉정사 종무소로 옮겨 보관하고, 19세기 후반에 조성된 진영은 우화루에 가설된 마루방에 경판과 함께 보관하다가 지금은 수장고로 모두 이전 보관 중이다.

18세기에 활동한 충허당이 쓴 『충허대사유집沖虛大師遺集』에는 「봉정사영산전영당기」가 수록되어 있다. 「봉정사영산전영당기」에는 봉정사 영산전에 영당을 건립하게 된 이유와 진영을 조성한 불사의 주체, 영각에 봉안된 고승진영에 대해 기록되어 있다.

> "우리 불교가 동국으로 전파된 이래로 太古가 가시고 백년에 淸虛와 泗溟이 있었고, 사명이 가시고 백년 뒤에 喚惺이 있게 되었다. …… 환성이 가시고 백년에 月庵 아무개라는 자가 있어 일찍이 그들의 아름다운 행적이 전해지지 않을지 두려워하고, 또 후학들이 밝지 못한 것을 개탄하였다. …… 드디어 무자년(1768) 봄에 거처하던 집의 서쪽 땅을 말끔히 치우고는 가진 재산을 몽땅 쏟아 특별히 정사 여섯 칸을 지었다. 그리고 그 동쪽을 크게 텄으니 바로 세분 조사의 影堂이다. 세분 조사 아래로 또 세 분의 스승을 안치하였으니, 조사에게는 아들과 손자요 월암에게는 스승과 할아버지다. 여섯 조사의 진영은 좋은 모습이고 七分은 훌륭하며 5대의 昭穆이 건너뛰지도, 넘치지도 않았으니, 이로써 추모하는 마음을 일으킬 수 있으니라. ……"

영산암의 영당은 1768년에 크게 요사를 지었고 그곳에 6명의 진영을 봉안하였다고 하니 이곳은 봉정사에서 선사先師를 추모하는 공간이 되었다는 것을 짐작할 수 있다. 현재 봉정사 수장고로 옮겨진 진영은 모두 15점인데 「봉정사영산전영당기」의 기록에서 언급한 1768년에 봉안된 6명의 진영은 누구의 것인가를 확인해 볼 필요가 있다. 1768년의 제작 기년명이 있는 진영은 「청허당 휴정」[1]과 「사명당 유정」[2] 2점뿐인 것으로 확인된다. 그 외 1766년에 조성된 「환성 지안喚惺志安」, 「포월 초민抱月楚旻」, 「월영 응진影月應眞」, 「설봉 사욱雪峯思旭」의 진영은 화기가 없고 영제가 지워졌지만, 같은 화풍으로 그려진 진영을 포함해 5점이 있다. 기년명 진영의 화기를 보면 1766년과 1768년으로 제작 시기는 다르지만, 공통적으로 6점의 진영의 화기에는 "봉사鳳寺 영암灵庵", 즉 봉정사 영산암이란 봉안처와 불사를 주관한 주사主事 지한旨閑, 제작 화승 유성有誠이 동일하게 기록되어 있다.

---

1 "乾隆 戊子 月 日 造成 于鳳 寺灵 庵 主事 旨閒 良工 有成"
2 "乾隆 戊子月 日 造成于 鳳停 寺灵 庵 主事 旨閒 良工 有诚"

「환성지안」“乾隆丙戌七月初三 日造 成於 鳳寺 灵庵 因揚 是庵 主事 旨閒 良工 有誠”

「포월초민」“乾隆丙戌七月初三 日造 成因 奉安 於先 師影左 主事 法子 孫旨 閒 良工 有誠”

「영월응진」“乾隆丙戌七月初三 日造 成於 此庵 奉安 于此 菴此卽鳳 寺灵 庵也 主事 法子 子旨閒 良工 有誠”

「설봉사욱」“乾隆丙戌六月二十八日 奉安 弟子 旨閑 良工 有誠”.

월암당 지한 ⓒ봉정사

월암당 지한은 1768년에 영당을 건립하고 진영을 봉안한 후에도 봉정사에서 각종 불사를 이어갔다. 1769년에는 설월雪月 권성權性과 함께 대규모 경전 간행과 인출 불사를 추진한 후 1770년 12월에는 대장판전大藏板殿에 올린 향탄과 등촉을 올릴 수 있는 논을 사찰에 헌납하기도 하였다. 1769년에 조성된 이 경판들의 정식 명칭과 현존 매수는 『사분계본여석四分戒本如釋』 199판, 『사분율칠취대목초四分律七聚大目抄』 11판, 『범망경노사나불설심지법문품보살계본梵網經盧舍那佛設心地法問品菩薩戒本』 34판, 『수보살계법受菩薩戒法』 8판, 『보살계의소菩薩戒儀疏』 13판, 『기신론소필삭기起信論疏筆削記』 170판, 『교정본자비도량참법校正本慈悲道傷懺法』 118판, 『청문請文』 18판 등이다. 1766년의 진영조성과 1769년의 경전불사 등은 모두 월암당 지한과 관련이 있어 연도별로 차이는 있지만 결국 하나의 연결된 불사라고 볼 수 있다.

월암당 지한에게 봉정사 영산암 진영 제작을 의뢰받은 화승은 유성이다. 유성은 불국사 출신 승려로 활동 초기인 1755년에는 임한任閑이 이끄는 화승 집단의 일원으로 청도 운문사의 「삼신불회도」, 「삼장보살도」 제작에 참여하였고, 이후 1765년에는 봉정사의 「감로도」를 조성할 때 자인自仁을 도편수로 모시고 부편수로 참여했다. 봉정사의 「감로도」를 그린 후, 1766년과 1768년에 그려진 영산암의 진영을 유성이 단독으로 조성함으로써 이후 수화승이 되는 발판이 된 작업이었다.

유성이 그린 진영의 기본 구성은 기본적으로 화면을 향하여 오른쪽에 앉아 약간 몸을 돌려 왼쪽을 바라보는 좌안칠분 또는 그 반대의 우안칠분의 자세로 방석을 깔고 결가부좌한 평좌상 형식이다. 지물로는 주장자, 염주 등을 들고 있으며 배경으로 동굴, 암반, 달, 소나무, 계곡 등의 자연경관을 그렸다. 이 배경은 진영 간에 동일한 공간감을 부여하면서 세대나 계보 순서를 자연스럽게 알 수 있도록 구현한 것 같다. 또한 다양한 지물, 소품을 통해 진영 속 스님들의 위상과 수행자의 삶을 이해하고 유추할 수 있게 하였다.

예를 들어 「환성당 지안」 진영의 배경에서 동굴은 그의 오랜 수행을 상징하는 듯하며, 「포월당 초민」 진영의 배경에는 경상에 올려진 경전을 통해 수행과 더불어 교학에도 정진했다는 것을 알 수 있게 한다. 「영월당 응진」 진영은 주장자만 쥔 모습으로 표현하였는데 이는 수행에 매진했던 삶을 표현한 것으로 보인다.

「설봉당 사욱」의 진영은 법호인 설봉雪峯을 살려 배경에 좌우로 돌출되게 솟은 돌산을 표현하였다. 돌산 한쪽에는 다른 진영에서 볼 수 없는 청화백자와 놋쇠로 만든 향로가 있고 손에는 죽비가 들려 있다. 이러한 지물의 묘사는 모두 스님이 평소 애장하거나 즐겨 사용했던 소품과 지물로 생각된다. 이처럼 1766년에 조성된 봉정사 진영은 상주의 세차, 봉안되었을 때의 소목을 고려해 앉은 자세와 방향, 그리고 스님의 삶을 유추할 수 있도록 특징적인 배경과 소품을 적용한 것으로 보인다.

| | | | |
|---|---|---|---|
|  | 설봉당대선사사욱진영 | 123.9㎝×79.5㎝<br>비단 위에 채색 | |
|  | 포월당대선사금민진영 | 122.9㎝×78.8㎝<br>비단 위에 채색 | |
|  | 환성당대선사지안진영 | 122.9㎝×78.8㎝<br>비단 위에 채색 | 1766년 |
|  | 영월당대선응진영 | 107.9㎝×79.5㎝<br>비단 위에 채색 | |
|  | 취봉당대선사팔윤진영 | 125.8㎝×84.8㎝<br>비단 위에 채색 | |

<table>
<tr><td></td><td>회암당대선사궤환진영</td><td>125cm×89.3cm<br>비단 위에 채색</td><td>18세기<br>유성 제작추정</td></tr>
<tr><td></td><td>청허당대선사진영</td><td>110.2cm×78.4cm<br>비단 위에 채색</td><td rowspan="2">1768년</td></tr>
<tr><td></td><td>송운당대선사진영</td><td>111.3cm×79.6cm<br>비단 위에 채색</td></tr>
</table>



1766년 6월 28일에 「설봉당 사욱」 진영을 제작한 뒤, 곧이어 7월 초 3일에 「환성당 지안」·「포월당 초민」·「영월당 응진」 진영을 차례로 완성하였다. 1768년에 「청허당 서산 휴정」과 「사명당 송운 유정」을 조성해 3祖3師로 진영 체제를 갖춰 영당에 봉안하였다. 나머지 진영 1점은 영제 부분이 박락되어 법호와 법명이 지워진 채 현전하고 있는데 이 진영도 1766년에 조성되었을 것으로 추정되고 있다.

1768년에 「청허당 서산 휴정」과 「사명당 송운 유정」 진영을 추가로 제작하는 일도 화승 유성이 맡았다. 이 진영의 제작도 불사를 주관하는 월암당 지한과 형식에 대해 논의하였을 것이다. 왜냐하면 1766년에 제작된 진영과 달리 「청허당 서산 휴정」과 「사명당 송운 유정」 진영은 평좌상이 아닌 의좌상으로 표현하고 있기 때문이다. 이는 임진왜란에서 승병을 이끌어 국난을 극복하고 이를 계기로 불교계를 중흥시킨 두 조사의 권위를 드러내고 1766년에 조성된 진영들과의 위계를 갖추기 위함이었을 것이다. 또한 소목에 맞춰 두 진영을 영당 북벽 중앙에 현괘될 때 여러 진영 가운데 집중도를 높이기 위한 선택으로 추정된다.

사실 봉정사는 청허당 서산대사 휴정과 사명당 송운대사 유정과는 직접적인 관련은 없지만 조선 후기에 많은 사찰에서 청허당과 사명당의 진영을 제작하고 봉안하고 있다. 이는 세대가 이어지면서 점차 세분화되는 문중 간에 서로의 연원을 증명하고 충의를 상징한다는 공통된 인식이 있을 것이다. 그러므로 1768년에 유성이 「청허당 서산 휴정」과 「사명당 송운 유정」의 진영을 제작한 것도 실존인물로서의 사실성보다는 불교계에 확산된 두 스님을 상징하는 보편화된 이미지에 착안해 형상화하였을 것이다. 특히 사명당 송운대사가 진영에서 늘 긴 수염을 흩날리며 표현되는 것처럼 말이다. 조선 후기에는 임진왜란에 공을 세운 청허당 휴정과 사명당 유정, 기허당 영규의 삼화상 진영을 봉안한 사액사찰(밀양 표충사, 해남 대흥사의 표충사 등)이 지정되면서 형성된 것이지 모든 진영 제작에 해당하지 않는다. 오히려 일반 사찰에서는 상황에 따라 개별로 모시거나 봉정사처럼 두 조사의 진영을 함께 조성하기도 했다.

이러한 진영 조성의 배경은 월암당 지한이 봉정사 영산암에 직계조사[3]를 봉안함으로써 여러 환성계열의 승려문중 가운데 본인이 속한 포월 문중의 위상을 정립하고 문중의 영향력을 대외적으로 넓히고자 하는 의지였을 것으로 해석할 수 있다. 「봉정사영산전영당기」의 내용처럼 월암당 지한은 환성의 후손들이 선대의 아름다운 행적이 전해지지 않을 것을 염려하고, 후학들이 잘 알지 못하는 것을 개탄하며 전 재산을 쏟아 봉정사 영산암의 영암을 건립하고 유성에게 의뢰하여 진영을 조성하며, 대규모 경전불사를 추진하는 등 봉정사의 법맥을 이어가고 빛내기 위해 헌신하였다.

3 월암지한의 법맥은 서산휴정 - 편양언기 - 월담설제 - 환성지안 - 포월초민 - 영월응진 - 설봉사욱으로 이어진다.

# 09

# 봉정사의 성보聖寶

성보聖寶는 불교문화유산을 부처님의 성스러운 보물로 여기고 다른 일반문화유산과 구별하기 위한 용어이다. 사찰에서 운영하는 박물관을 '성보박물관'이라 하고, 불교의 모든 유형유산을 '성보문화유산'이라고 한다. 봉정사도 그 오랜 역사에 걸맞게 많은 성보문화유산들이 전해 내려오고 있다.

봉정사에서 가장 오래된 극락전을 비롯한 여러 전각이 국보 또는 보물로 지정되었고, 「목조관세음보살좌상」, 「영산회괘불도」, 「아미타후불탱화」 등도 보물로 지정되어 보호받고 있다. 그 외에도 많은 봉정사의 성보문화유산이 더 보존되고 있는데, 그중 몇 가지를 더 소개하고자 한다.

**○ 안정사 석조여래좌상安定寺 石造如來坐像**

통일신라시대의 석불로 극락전과 대웅전 사이 공간에 안치되어 있다. 원래는 안동시 미질동의 안정사에 봉안되어 있었으나, 안동댐 건설로 절터가 수몰되면서 봉정사로 옮겨졌다. 이 불상은 1973년에 경상북도 유형문화유산으로 지정되었다. 불상은 화강암을 재료로 제작되었으며, 전체 높이는 약 95cm, 어깨너비는 54cm 정도로 중형 규모에 속한다. 불상은 결가부좌의 자세로 앉아 있으며, 오른손을 무릎 위로 내려 땅을 가리키는 항마촉지인을 결한 형식이다.

안정사 석불

조형적 특징을 살펴보면, 신체는 넓은 어깨와 단정히 정좌한 무릎을 통해 안정적이고 균형 잡힌 인상을 준다. 착의법은 오른쪽 어깨를 드러내는 통견의 형식으로, 옷 주름은 간결하면서도 유려하게 처리되어 불신의 입체감을 살리고 있다. 머리에는 나발과 육계가 표현되었으며, 광배와 대좌는 소실되었거나 일부만 남아있는 상태이다. 또한 목 부분은 파손 후 시멘트로 임의로 복원된 흔적이 있어 아쉽다.

안정사 석조여래좌상은 비록 일부 훼손이 있지만, 넓은 어깨와 당당한 자세, 정제된 옷 주름 표현 등 양식적으로 볼 때 통일신라시대 후기 불상의 특징을 잘 가지고 있다. 특히 신체 비례의 안정감, 옷 주름의 유려함, 그리고 결가부좌한 자세에서 드러나는 중후한 조형성은 8~9세기 신라 불상의 전형이다.

○ **봉정사 감로도**鳳停寺 甘露圖

봉정사 「감로도」의 크기는 231×275.3cm의 비단에 채색된 불화이다. 「감로도」는 영가천도재靈駕薦度齋와 같은 의식에서 사용되는 불화로서, 아귀餓鬼를 비롯한 여러 고혼孤魂을 제도하고, 그들에게 부처의 감로甘露를 베풀어 고통에서 벗어나게 한다는 의미를 담고 있다. 따라서 감로도는 불교적 구제사상을 시각적으로 구현한 대표적인 의식화이다.

봉정사 「감로도」는 화면 상단에 아미타삼존불과 여러 보살을 배치하여 극락세계의 위상을 강조하고 있으며, 그 아래에는 의식을 집행하는 스님들과 영가를 제도하는 장면이 묘사되어 있다. 특히 하단부에는 아귀들이 굶주림과 목마름에 시달리는 모습, 전쟁과 살생, 굶주린 백성들의 삶 등 당시 사회의 비극적 현실을 반영한 장면이 사실적으로 표현되어 있다. 이러한 도상은 불교의 자비 사상이 단순히 종교적 차원을 넘어 민중적 구제의 성격을 띠었음을 보여준다.

봉정사의 「감로도」를 그린 화승은 부편副片 유성有誠이며, 화주는 월암당越岩堂 지한旨閑이다. 유성은 1755년에 청도 운문사의 「삼신불도」 조성에 동참하였으며, 같은 해 임한任閑을 수화승으로 한 운문사 「삼장보살도」의 제작에도 동참 화승으로 참여하였다. 1765년에는 자인自仁을 수화승으로 해 봉정사 「감로도」를 제작한 후부터는 독립적으로 활동하였다.

감로도 ⓒ봉정사

畵記 : 乾隆三十年乙酉五月二十日安東鳳停寺,

甘露主幀改造成奉安于萬歲樓, 施主秉, 婆湯大施主安次明兩王保体, 大施主安從萬宗主保体, 大施主趙緣宗兩主保体, 大施主權殷碩兩主保体, 大施主比丘義雲保体, 引讚大施主華岩堂快善保体, 大施主秋宇滿保体, 大施主嘉善柳百石保体, 大施主比丘嘉善大機保体, 大施主參議趙廷藩保体, 嘉善權大元保体, 林奉先保体, 通政金一龍保体, 比丘嘉善休鵬保体, 南召吏, 金完錫, 緣化秉, 供養主, 證師幻住堂大禪師性能比丘快寧, 雪月堂大禪師權性, 首座禪師勝仁, 持呪比丘 探閑, 秦信, 最盒, 法宣, 妙觀, 宇印, 持殿比丘 德欽, 良工比丘 都片自仁, 蓮, 副片有誠, 宗戒, 月運, 化主 月岩堂大禪師旨閑, 體敬, 廣律, 桂花, 道行, 別座 比丘 嘉善

大夫 大機, 都監前都僧統 性敏, 本寺秉, 山中大德 月岩堂 大師 旨閑, 警室華巖堂 大師 快善, 山中老德 金鶴堂 首座 就善, 月岳堂 首座 天學, 前僧統草文, 前住持心日, 前僧統性敏, 前住持位坦, 抱覺, 前住持嘉善 大機, 體敬, 時住持泰安, 時僧統勝天, 持殿處閑, 妙觀, 供養主比丘 快寧, 義俊, 秦仁, 義云, 正覺, 儀悅, 安監, 自愼, 大軒, 天鑑, 瑞萬, 安攸, 萬盒, 秦性, 負木, 李萬桂, 三綱, 妙雲, 宗感, 秦一, 探閑, 德欽, 探敬, 勝口, 就保, 體淨, 德希, 能日, 笑軒, 克順, 大草, 桂活, 瑞玨, 哲元, 正照.

### ○ 봉정사 지장시왕도地藏十王圖

봉정사 대웅전에 봉안된 「지장시왕도」는 175×211cm의 크기로 면에 채색하였다. 1888년에 조성되었으며 조선 후기 불교 회화의 성격과 사회적 배경을 종합적으로 보여주는 중요한 불화이다. 지장시왕도는 본래 지장보살 신앙과 명부신앙이 결합된 도상 체계로, 죽은 자의 영혼이 시왕十王 앞에서 심판을 받고 지장보살의 원력에 의해 구제된다는 신앙적 내용을 시각화한 것이다. 따라서 본존인 지장보살을 중심으로 좌우에 배치된 시왕과 권속들의 위계적 구도는 단순한 장엄화를 넘어 조선 후기 불교 교단과 민간 사회에서 확대된 내세관과 구원 신앙을 반영하고 있다.

봉정사 「지장시왕도」는 화면 중앙의 지장보살이 위엄 있게 좌정한 구도를 취하고, 그 주위에 시왕, 판관, 사자, 동자 및 다양한 권속을 배치하였다. 시왕은 각각 저마다의 위세와 개성을 지닌 표정을 통해 인간의 선악을 분별하고 심판하는 권능을 상징하며, 이러한 표현은 권선징악의 도덕적 교훈을 회화적으로 극대화한다. 색채는 적 · 녹 · 청을 중심으로 강렬하면서도 안정된 대비를 이루고 있으며, 인물들의 세부 묘사와 의복 문양 처리에는 조선 후기 불화의 전형적인 장식성이 드러난다.

**지장시왕도** ©봉정사

畫記：光緖十四年戊子, 三月十七日安東, 府天燈山鳳停寺靈山庵中壇幀, 造成仍奉安于, 鳳停寺大雄殿, 證明, 懶應釋休, 講呪智運, 晶琦, 金魚, 霞隱應祥, 片手翰奎, 法任, 瑞曄, 台三, 所覺, 奉華, 正善, 奉齋禪侶, 在恒, 鐘頭正淳, 斋角正允, 供司性洪, 祠典, 道淳, 淨桶義岸, 都監智運, 別座海寬, 化主, 柘巖素恩, 持殷, 初谷大衍, 山中秉, 影隱海原, 前任萬金, 性倩, 燈遠, 鳳林, 瑞煥, 咸倬, 法欣, 正基, 沙彌尙治, 奉珠, 斗讚, 元亘, 童子喜善, 探文, 撰紫相旭, 大施主奉焯, 主上殿下王子生李氏, 王妃殿下辛安生閔氏, 世子邸下甲成生李氏, 嬪宮邸下辛申生閔氏, 大王大妃殿下戊辰生趙氏, 王大妃殿下辛卯生洪氏, 慶嬪邸下壬辰生金氏, 施主栢, 乾命丁未生金濟道, 坤命戊午生權氏, 奉母庚辰生高氏, 長子戊辰生亮植, 乾命甲辰生金齊德, 乙酉生安氏德潤華, 戊子生李氏寶輪華, 庚寅生權氏普命華

## ○ 봉정사 오방제위도五方帝位圖

동방태호지군(太昊 伏羲氏)

서방소호지군(少昊 金天氏)

중방황제지군(皇帝 軒轅氏)

남방염제지군(炎帝 神農氏)

북방전욱지군(顓頊 高陽氏)

**오방제위도** ©봉정사

봉정사 「오방제위도」는 조선 후기 불교회화 가운데 비교적 드문 주제를 다룬 불화로서, 수륙재 · 영산재와 같은 불교 의례에서 도량을 장엄하여 영가를 인도하고 기도의 성취를 위해 제작된 불화이다. 동 · 서 · 남 · 북 · 중앙의 오방제위를 각 폭에 담아 5폭으로 구성되어 있는데 중국 전설 속의 다섯 황제인 중방황제지군中方皇帝之君, 동방태호지군東方太皞之君, 서방소호지군西方少皞之君, 남방염제지군南方炎帝之君, 북방전욱지군北方顓頊之君을 그렸다. 오방제위五方諸位는 도교의 오방신앙과 밀접한 관련이 있는데 중앙의 황제는 그들 중 최고의 통치자로서 귀신나라를 다스리고 번개를 관장하며, 동방 태호는 나무, 서방 소호는 금속을 관장하면서 하늘나라의 형벌도 담당하였다고 한다. 남방 염제는 농업과 의약에 관련이 있으며, 북방 전욱은 바다 및 바람을 관장하였다고 한다. 이들은 본래 중국 도교의 오제五帝신앙에서 유래하여 불교와 결합된 존재이다. 오제五帝는 오방색으로 다른 색깔의 옷을 입었지만 모두 의자에 앉아 일월관日月冠을 쓰고 두 손으로 홀笏을 받쳐 들고 있다.

봉정사 「오방제위도」의 크기는 5점이 조금씩 차이는 있으나, 155×102cm 정도이며 모두 비단에 채색된 불화이다. 봉정사 「오방제위도」는 불교와 도교, 토착 신앙 등이 결합하여 구현된 불화라는 점에서 종교사적 가치가 높다고 할 수 있으며, 현존하는 「오방제위도」의 수가 적다는 점에서 매우 귀중한 작품이다.

○ **봉정사 대웅전 동종**

봉정사 대웅전에 모셔진 동종은 높이 67㎝, 음통 높이 22㎝, 지름 55㎝로 조선시대인 1813년(순조 13)에 제작되었다. 동종의 모습은 전체적으로 어깨 부분은 완만한 곡선을 이루다가 중간 부분에서 종 입구까지는 거의 직선에 가깝다. 용뉴는 조선시대의 범종에서 보이는 형태가 아닌 신라시대 또는 고려시대의 양식으로 연화장식이 있는 하나의 음통과 한 마리의 용이 종을 움켜쥐고 물고 있는 형태의 고리로 종이 걸려있다. 신라시대 범종은 멀리 퍼져 나갈 음향을 고려하여 소리의 울림을 좋게 하는 음통을 상판에 붙여 굴뚝처럼 만들었지만, 이 범종은 음통의 구멍이 막혀 있어 장식적인 역할에 그치고 있다.

종의 몸통은 가로로 선을 둥글게 돌려 3단으로 나누고 있는데 상단에는 서 있는 모습의 보살상 2구를 새겼고, 그 사이에 9개의 유두를 새긴 사각형 유곽이 있다. 종의 중단에는 범자梵字가 새겨진 4개의 동그란 원을 배치하였고, 그 사이 여백에는 종의 내력을 적은 글이 새겨져 있다. 경상북도 문화유산자료로 등록되어 있다.

銘文:「嘉慶十八年」癸酉四月日」安

東鳳停寺

大鐘改鑄重 百五十斤 持殿八允

三綱 住持太旻 持事來文 三喆采朋

片手大丘

權重祿

宋千云 宋億伊 老德惠涬

前任雪行

知彥 芝玉 設弘 遇盆

동종 ©봉정사

○ 봉정사의 지정문화유산목록

| 구분 | 명칭 | 시대 | 현황 및 의의 |
|---|---|---|---|
| 국보 | 봉정사 극락전 | 고려 후기 | 한국에서 가장 오래된 목조건축, 고려 불교건축의 정수를 보여줌 |
| 국보 | 봉정사 대웅전 | 조선 중기 | 조선 후기 불교건축 대표작, 내부에 후불벽화(보물) 존재 |
| 보물 | 봉정사 화엄강당 | 조선시대 | 학문 강론 및 강학처, 전통 강당 건축 보존 |
| 보물 | 봉정사 고금당 | 조선시대 | 승려 생활공간, 생활불교 연구의 중요한 자료 |
| 보물 | 봉정사 대웅전 후불벽화) | 조선 초기 (1428) | 국내 현존 최고의 후불벽화, 불교 회화사 연구의 핵심 자료 |
| 보물 | 봉정사 목조 관음보살좌상 | 조선 후기 | 단아한 조형미와 세부 묘사가 뛰어난 불상 |
| 보물 | 봉정사 영산회괘불도 | 조선 후기 (1729) | 대형 불화, 야외 의식용 괘불 |
| 보물 | 봉정사 아미타설법도 | 조선 후기 | 아미타불 설법 장면, 조선 후기 불화 전형성 반영 |
| 유형문화유산 | 봉정사 삼층석탑 | 고려시대 | 단정한 비례와 안정된 구조의 석탑 |
| 유형문화유산 | 봉정사 만세루 | 조선시대 | 사찰 출입과 집회 담당 누각 |
| 유형문화유산 | 봉정사 소장유물 | 조선시대 | 목판 12종 601판, 불화 2점, 고승 진영 9점 |
| 민속자료 | 봉정사 영산암 | 조선시대 | 봉정사 산내 암자, 전통 사찰 생활문화 연구 가치 |
| 문화유산자료 | 봉정사 동종 | 조선시대 | 사찰 범종, 종형과 명문을 통한 종교사 연구 자료 |
| 세계유산 | "산사, 한국의 산지승원" (봉정사 포함) | 2018년 (유네스코) | 한국 불교 산사의 대표 사례로 세계유산 등재 |

# 참고문헌

김동현, 「봉정사 대웅전에 대하여」,『동악미술사학』 1, 동악미술사학회, 2000,

김봉렬,『불교건축』, 솔출판사, 2004.

김종민,「근대기록자료로 본 안동의 사찰과 문화재」,『안동학』 21, 한국국학진흥원, 2022.

______,「안동 불교문화의 전승과 활용」,『안동학』 22, 한국국학진흥원, 2023.

김창균,「安東 鳳停寺 木造觀音菩薩坐像考」,『성보』 3, 대한불교조계종문화부, 2001.

김형우,『高僧眞影』, 대원사. 1998.

남권희 · 임기영,「경상도 북부지역 사찰의 불교 자료 간행」,『국학연구』 34, 한국국학진흥원, 2017.

목수현,『경북북부』(답사여행의 길잡이 10), 돌베개, 1994.

박도화,「鳳停寺 大雄殿 靈山會後佛壁畵 도상의 연원과 의의」,『석당논총』 73, 석당학술원, 2019.

______,「한국 사찰벽화의 현황과 연구의 관점」,『불교미술사학』 7, 불교미술사학회, 2009.

박소정,「1199년 안동 봉정사 목조관음보살좌상 연구」, 동국대학교 석사학위논문, 2025.

석혜영,「안동지역 사찰의 출판」,『안동학』 20, 한국국학진흥원, 2021.

위현정,「조선전기 사원벽화의 연구」, 동국대학교 석사학위논문, 2000.

이상백,「조선시대 안동 봉정사의 인쇄문화에 대한 고찰」,『규장각』 46, 서울대학교 규장각한국학연구원, 2015.

이용윤,「18세기 후반 봉정사 영산암 고승진영의 조성주채와 화승」,『미술사연구』 44, 미술사연구회, 2023.

임남수,「봉정사에 관한 제문제」,『미술사연구』 22, 미술사연구회, 2008.

정명희,「1710년 안동봉정사 영산회괘불과 불화승 도문」,『안동 봉정사 괘불탱화』, 통도사성보박물관, 2018.

정명희,『조선의 불교회화』, 사회평론아카데미, 2024.

정안 · 이용윤, 『진영에 깃든 선사의 삶과 사상』, 조계종출판사, 2017.
주남철, 「한국 현존 최고의 목조건축 봉정사 극락전 본형에 관한 연구」, 『대한건축학회논문집』 28, 대한건축학회, 2012.

도록 · 보고서
『등운산 고운사』, 불교중앙박물관, 2024.
『동농 김가진 서예전, 백운서경(白雲書境)』, 동농문화재단 · 여백커뮤니케이션, 2024.
『안동 봉정사 극락전』(목조건축문화재 수리이력자료집), 국립문화재연구소, 2020.
『안동 봉정사 괘불탱화』, 통도사성보박물관, 2018.
『봉정사극락전수리실측보고서』, 문화재청, 2003.
『한국의 사찰문화재』(경상북도 II 자료집), 문화재청 · 불교문화재연구소, 2008.
『한국의 사찰벽화』(경상북도2), 문화재청 · 성보문화재연구원, 2011.

안 동
문 화
100선

●❸❶

# 봉정사

**초판1쇄 발행** 2025년 12월 10일

**기　　획** 한국국학진흥원
**글 · 사진** 김종민

**주간** 조승연
**편집 · 디자인** 오경희 · 조정화 · 오성현
신나래 · 박선주 · 정성희
**관리** 박정대

**펴낸곳** 민속원
**펴낸이** 홍종화
**창업** 홍기원
**출판등록** 제1990-000045호
**주소** 서울 마포구 토정로25길 41(대흥동 337-25)
**전화** 02) 804-3320, 805-3320, 806-3320(代)
**팩스** 02) 802-3346
**이메일** minsokwon@naver.com
**홈페이지** www.minsokwon.com

ISBN 978-89-285-2187-6
S E T 978-89-285-1142-6 04380